1

CONSTITUCIÓN DE LA REPÚBLICA DE HONDURAS

ERANDIQUE

COLECCIÓN

CONSTITUCIÓN DE LA REPÚBLICA DE HONDURAS
Asamblea Nacional Constituyente

©Colección Erandique
Diseño de portada: Andrea Rodríguez
Ilustración de portada: Panorámica de Tegucigalpa
Autor: Francisco Pinto Rodezno

Supervisión Editorial: Óscar Flores López
Administración: Tesla Rodas y Jessica Cordero
Director Ejecutivo: José Azcona Bocock

Segunda edición
Tegucigalpa, Honduras—Agosto de 2024

ÍNDICE

CONSTITUCIÓN DE LA REPÚBLICA DE HONDURAS

PREÁMBULO

Nosotros, Diputados electos por la voluntad soberana del pueblo hondureño, reunidos en Asamblea Nacional Constituyente, invocando la protección de Dios y el ejemplo de nuestros próceres, con nuestra fe puesta en la restauración de la unión centroamericana e interpretando fielmente las aspiraciones del pueblo que nos confirió su mandato, decretamos y sancionamos la presente Constitución para que fortalezca y perpetúe un Estado de derecho que asegure una sociedad política, económica y socialmente justa que afirme la nacionalidad y propicie las condiciones para la plena realización del hombre, como persona humana, dentro de la justicia, la libertad, la seguridad, la estabilidad, el pluralismo, la paz, la democracia representativa y el bien común.

TÍTULO I

DEL ESTADO

CAPÍTULO I
DE LA ORGANIZACIÓN DEL ESTADO

Artículo 1. Honduras es un Estado de Derecho, soberano, constituido como república libre, democrática e independiente para asegurar a sus habitantes el goce de la justicia, la libertad, la cultura y el bienestar económico y social.

Artículo 2. La soberanía corresponde al pueblo del cual emanan todos los poderes del Estado que se ejercen por representación.

La suplantación de la soberanía popular y la usurpación de los poderes constituidos se tipifican como delitos de traición a la Patria. La responsabilidad en estos casos es imprescriptible y podrá ser deducida de oficio o a petición de cualquier ciudadano.

Artículo 3. Nadie debe obediencia a un gobierno usurpador ni a quienes asuman funciones o empleos públicos por la fuerza de las armas o usando medios o procedimientos que quebranten o desconozcan lo que esta Constitución y las leyes establecen. Los actos verificados por tales autoridades son nulos. El pueblo tiene derecho a recurrir a la insurrección en defensa del orden constitucional.

Artículo 4. La forma de gobierno es republicana, democrática y representativa. Se ejerce por tres poderes; Legislativo, Ejecutivo y Judicial, complementarios e independientes y sin relaciones de subordinación.

La alternabilidad en el ejercicio de la Presidencia de la República es obligatoria. La infracción de esta norma constituye delito de traición a la Patria.

Artículo 5. El Gobierno de la República debe sustentarse en los principios de la soberanía popular, la autodeterminación de los pueblos y la democracia participativa, de los cuales se deriva la integración nacional, que implica participación de todos los sectores políticos en la Administración Pública, la estabilidad política y la paz social[1].

---

[1] **Artículo 5.** Fue reformado a través del Decreto 275-2010 del 13 de enero de 2011 y publicado en el Diario Oficial La Gaceta No, 32,425 el 32 de enero del 2011. Ratificado después por Decreto 3-201 del 7 de febrero de 2011 y publicado en el Diario Oficial La Gaceta No. 32,460 el 7 de marzo del 2011.

Para fortalecer la democracia representativa, se instituyen como mecanismos de participación ciudadana el referéndum, el plebiscito y la iniciativa de ley ciudadana.

El referéndum se convocará sobre una Ley ordinaria o una norma constitucional o su reforma aprobada para su ratificación o improbación por la ciudadanía.

El plebiscito se convocará solicitando de los ciudadanos un pronunciamiento sobre aspectos constitucionales, legislativos o administrativos, sobre los cuales los Poderes Constituidos no han tomado ninguna decisión previa.

El referéndum y el plebiscito pueden realizarse a nivel nacional, regional, subregional, departamental y municipal.

Tienen iniciativa para solicitar el referéndum o el plebiscito:

1) Al menos el dos por ciento (2%) de los ciudadanos inscritos en el Censo Nacional Electoral, de acuerdo con el dato que debe proporcionar periódicamente el Consejo Nacional Electoral al Congreso Nacional[2];

2) Al menos diez (10) diputados del Congreso Nacional; y,
3) El presidente de la República en resolución de Consejo de Secretario de Estado.

El Congreso Nacional debe conocer y discutir tales peticiones, y si las aprueba debe emitir un Decreto que determine los extremos de la consulta, ordenando al Consejo Nacional Electoral convocar, dirigir las consultas a los ciudadanos.

---

[2] **Artículo 5 párrafos 6 numeral 1), 7, 10 y 15.** Decreto No. 200-2018, de fecha 24 de enero de 2019 y publicado en el Diario Oficial La Gaceta No. 34,856 de fecha 28 de enero del 2019. Ratificado por Decreto No. 2-2019 de fecha 29 de enero de 2019 y publicado en el Diario Oficial La Gaceta No. 34,864 de fecha 6 de febrero de 2019.

Los porcentajes de aprobación legislativa a las consultas ciudadanas son determinados según el tema a ser consultado de conformidad a esta Constitución, por simple mayoría de la totalidad de sus miembros cuando se trate de leyes y asuntos ordinarios, las dos terceras (2/3) partes de la totalidad de sus miembros cuando se refiere a asuntos constitucionales.

Una Ley Especial aprobada por las dos terceras (2/3) partes de la totalidad de los diputados del Congreso Nacional debe determinar los procedimientos, requisitos y demás aspectos necesarios para el ejercicio de los mecanismos de participación ciudadana.

Corresponde únicamente al Consejo Nacional Electoral, convocar, organizar y dirigir las consultas ciudadanas v al Tribunal de Justicia Electoral, resolver lo que proceda en base a sus competencias sobre estos asuntos.

Las consultas ciudadanas deben hacerse preferentemente en la misma fecha de las elecciones generales.

El ejercicio del sufragio en las consultas ciudadanas es obligatorio.

El resultado de las consultas ciudadanas es de obligatorio cumplimiento si concurren por lo menos el cincuenta y uno por ciento (51%) del total de participación en la última elección general; y, si el voto afirmativo logra la mayoría de los votos válidos.

La Ley Especial debe determinar quiénes tienen iniciativa para solicitar la convocatoria a una consulta ciudadana cuando ésta no sea nivel nacional, así como el porcentaje de participación necesario para que sea válida.

El Consejo Nacional Electoral una vez conocido el resultado oficial en el término que señale la Ley Especial, debe informar al Congreso Nacional en un plazo de diez (10) días sobre el resultado de la consulta. El Congreso Nacional debe emitir un Decreto ordenando la puesta en vigencia de las normas que resulten de la consulta ciudadano.

Si la iniciativa sometida a consulta es aprobada, no será necesaria la sanción ni procede el veto del Poder Ejecutivo, en consecuencia, el Congreso Nacional ordenará la publicación de las normas aprobadas. Estas normas sólo pueden ser derogadas o reformadas mediante el mismo proceso de su aprobación. La consulta sobre los mismos temas no podrá realizarse en el mismo ni en el siguiente período de gobierno.

Artículo 6. El idioma oficial de Honduras es el español. El Estado protegerá su pureza e incrementará su enseñanza.

Artículo 7. Son símbolos nacionales: la Bandera, el Escudo y el Himno. La Ley establecerá sus características y regulará su uso.

Artículo 8. Las ciudades de Tegucigalpa y Comayagüela conjuntamente constituyen la capital de la República.

CAPÍTULO II DEL TERRITORIO

Artículo 9. El territorio de Honduras está comprendido entre los Océanos Atlántico y Pacífico y las Repúblicas de: Guatemala, El Salvador y Nicaragua. Sus límites con estas Repúblicas son:

1. Con la República de Guatemala los fijados por la sentencia arbitral emitida en Washington, D.C., Estados Unidos de América, el veintitrés de enero de mil novecientos treinta y tres.

2. Con la República de Nicaragua, los establecidos por la Comisión Mixta de Límites hondureño-nicaragüense en los años

de mil novecientos y mil novecientos uno, según descripciones de la primera sección de la línea divisoria, que figura en el acta segunda de doce de junio de mil novecientos y en las posteriores, hasta el Portillo de Teotecacinte y de este lugar hasta el Océano Atlántico conforme al laudo arbitral dictado por su Majestad el Rey de España, Alfonso XII, el veintitrés de diciembre de mil novecientos seis cuya validez fue declarada por la corte Internacional de Justicia en sentencia del dieciocho de noviembre de mil novecientos sesenta.

3. Con la República de El Salvador los establecidos en los artículos diez y seis y diez y siete del Tratado General de Paz suscrito en Lima, Perú el treinta de octubre de mil novecientos ochenta, cuyos instrumentos de ratificación fueron canjeados en Tegucigalpa, Distrito Central, Honduras, el diez de diciembre de mil novecientos ochenta. En las secciones pendientes de delimitación se estará a lo dispuesto en los artículos aplicables del Tratado de referencia.

Artículo 10. Pertenecen a Honduras los territorios situados en tierra firme dentro de sus límites territoriales, aguas interiores y las islas, islotes y cayos en el Golfo de Fonseca que histórica, geográfica y jurídicamente le corresponden, así como las Islas de la Bahía, las Islas del Cisne (Swan Islands) llamadas también Santanilla o Santillana, Viciosas, Misteriosas; y los cayos Zapotillos, Cochinos, Vivorillos Seal o Foca (o Becerro), Caratasca, Cajones o Hobbies, Mayores de Cabo Falso, Cocorocuma, Palo de Campeche, Los Bajos, Pinchones, Media Luna, Gorda y los Bancos Salmedina, Providencia, De Coral, Cabo Falso, Rosalinda y Serranilla, y los demás situados en el Atlántico que histórica, geográfica y jurídicamente le corresponden. El Golfo de Fonseca podrá sujetarse a un régimen especial.

Artículo 11. También pertenecen al Estado de Honduras:
1. El mar territorial, cuya anchura es de doce (12) millas marinas medidas desde la línea de más baja marea a lo largo de la costa.

2. La zona contigua a su mar territorial, que se extiende hasta las veinticuatro (24) millas marinas, contadas desde la línea de base desde la cual se mide la anchura del mar territorial.

3. La zona económica exclusiva, que se extiende hasta una distancia de (200) doscientas millas marinas medidas a partir de la línea de base desde la cual se mide la anchura del mar territorial;

4. La plataforma continental, que comprenda el lecho y el subsuelo de zonas submarinas, que se extiende más allá de su mar territorial y a todo lo largo de la prolongación natural de su territorio hasta el borde exterior del margen continental, o bien hasta una distancia de doscientas (200) millas marinas desde la línea de base, desde las cuales se mide la anchura del mar territorial en los casos en que el borde exterior del margen continental no llegue a esa distancia; y,

5. En cuanto al Océano Pacífico las anteriores medidas se contarán a partir de la línea de cierre de la bocana del Golfo de Fonseca hacia el alta mar.

Artículo 12. El Estado ejerce soberanía y jurisdicción en el espacio aéreo y en el subsuelo de su territorio continental e insular mar territorial, zona contigua, zona económica exclusiva y plataforma continental.

La presente declaración de soberanía no desconoce legítimos derechos similares de otros Estados sobre la base de reciprocidad ni afecta los derechos de libre navegación de todas las naciones conforme al derecho internacional ni el cumplimiento de los tratados o convenciones ratificadas por la República.

Artículo 13. En los casos a que se refieren los artículos anteriores, el dominio del Estado es inalienable e imprescriptible.

Artículo 14. Los Estados extranjeros sólo podrán adquirir en el territorio de la República, sobre bases de reciprocidad, los inmuebles necesarios para sede de sus representaciones diplomáticas, sin perjuicio de lo que establezcan los tratados internacionales.

17

CAPÍTULO III DE LOS TRATADOS

Artículo 15. Honduras hace suyos los principios y prácticas del derecho internacional que propenden a la solidaridad humana, al respeto de la autodeterminación de los pueblos, a la no intervención y al afianzamiento de la paz y la democracia universal.

Honduras proclama como ineludible la validez y obligatoria ejecución de las sentencias arbitrales y judiciales de carácter internacional.

Artículo 16. Todos los tratados internacionales deben ser aprobados por el Congreso Nacional antes de su ratificación por el Poder Ejecutivo.

Los tratados internacionales celebrados por Honduras con otros Estados, una vez que entran en vigor, forman parte del derecho interno.

Artículo 17. Cuando un Tratado Internacional afecte una disposición constitucional, debe ser aprobado por el procedimiento que rige la reforma de la Constitución, simultáneamente el precepto constitucional afectado debe ser modificado en el mismo sentido por el mismo procedimiento antes de ser ratificado el Tratado por el Poder Ejecutivo[3].

Artículo 18. En caso de conflicto entre el tratado o convención y la Ley, prevalecerá el primero.

---

[3] **Artículo 17.** Reformado por Decreto 237-2012 de fecha 23 de enero del 2012, publicado en el Diario Oficial La Gaceta No33,033 del 24 de enero del 2013. Ratificado por Decreto 10-2013 del 30 de enero del 2013, publicado en el Diario Oficial La Gaceta No. 33,086 de fecha 27 de marzo del 2013.

Artículo 19. Ninguna autoridad puede celebrar o ratificar tratados u otorgar concesiones que lesionen la integridad territorial, la soberanía e independencia de la República.

Quien lo haga será juzgado por el delito de traición a la Patria. La responsabilidad en este caso es imprescriptible.

Artículo 20. Cualquier tratado o convención que celebre el Poder Ejecutivo referente al territorio nacional, requerirá la aprobación del Congreso Nacional por votación no menor de tres cuartas (3/4) partes de la totalidad de sus miembros.

Artículo 21. El Poder Ejecutivo puede, sobre materias de su exclusiva competencia, celebrar o ratificar convenios internacionales con estados extranjeros u organizaciones internacionales o adherirse a ellos sin el requisito previo de la aprobación del Congreso, al que deberá informar inmediatamente.

TÍTULO II

DE LA NACIONALIDAD Y LA CIUDADANÍA

CAPÍTULO I
DE LOS HONDUREÑOS

Artículo 22. La nacionalidad hondureña se adquiere por nacimiento y por naturalización.

Artículo 23. Son hondureños por nacimiento[4]:

---

[4] **Artículo 23 numeral 2. Interpretado** por Decreto 13-2001 de fecha 23 de febrero del 2001, publicado en el Diario Oficial La Gaceta No.29,423 del 8 de marzo del 2001 el numeral 2) del artículo 23; En el sentido que

1). Los nacidos en el territorio nacional, con excepción de los hijos de los agentes diplomáticos;

2). Los nacidos en el extranjero de padre o madre hondureños por nacimiento;

3). Los nacidos a bordo de embarcaciones o aeronaves de guerra hondureñas, y los nacidos en naves mercantes que se encuentren en aguas territoriales de Honduras; y,

4). El infante de padres ignorados encontrado en el territorio de Honduras.

Artículo 24. Son hondureños por naturalización:

1). Los centroamericanos por nacimiento que tengan un (1) año de residencia en el país;

2). Los españoles e iberoamericanos por nacimiento que tengan (2) dos años consecutivos de residencia en el país;

3). Los demás extranjeros que hayan residido en el país más de tres (3) años consecutivos; y,

4). Los que obtengan carta de naturalización decretada por el Congreso Nacional por servicios extraordinarios prestados a Honduras;

5). Los inmigrantes que formando parte de grupos seleccionados traídos por el gobierno para fines científicos, agrícolas e industriales después de un (1) año de residir en el país llenen los requisitos de Ley; y,

6). La persona extranjera casada con hondureño por nacimiento.

En los casos a que se refieren los numerales 1, 2, 3, 5 y 6 el solicitante debe renunciar previamente a su nacionalidad y

---

son hondureños por nacimiento los hijos nacidos en el extranjero de padre o madre hondureños por nacimiento: 1) Cuando uno de éstos haya nacido en el territorio nacional de Honduras v así se encuentre acreditado legalmente al momento del nacimiento de su hijo; y, 2) Cuando habiendo nacido uno (1) de ellos en el extranjero, acredite su derecho de sangre, como hondureño por nacimiento.

manifestar su deseo de optar la nacionalidad hondureña ante la autoridad competente.

Cuando exista tratado de doble nacionalidad, el hondureño que optare por nacionalidad extranjera, no perderá la hondureña.

En iguales circunstancias no se le exigirá al extranjero que renuncie a su nacionalidad de origen.

Artículo 25. Mientras resida en Honduras ningún hondureño por nacimiento podrá invocar nacionalidad distinta de la hondureña.

Artículo 26. Ningún hondureño naturalizado podrá desempeñar en su país de origen, funciones oficiales en representación de Honduras.

Artículo 27. Ni el matrimonio ni su disolución afectan la nacionalidad de los cónyuges o de sus hijos.

Artículo 28. Ningún hondureño por nacimiento podrá ser privado de su nacionalidad. Este derecho lo conservan los hondureños por nacimiento aun cuando adquieran otra nacionalidad[5].

Una Ley Especial denominada Ley de Nacionalidad regulará lo relativo al ejercicio de los derechos políticos y de todo aquello que se estime pertinente en esta materia.

---

[5] **Artículos 28 y 29.** Reformados por Decreto 345-2002 de fecha 22 de octubre del 2002, publicado en el Diario Oficial La Gaceta No.29,999 del 30 de enero del
2003. Ratificados por Decreto 31-2003 del 11 de marzo del 2003, publicado en el Diario Oficial La Gaceta No. 30, 063 de fecha 16 de abril del 2003.

Artículo 29. La nacionalidad hondureña por naturalización se pierde:

1). Por naturalización en país extranjero; y,
2). Por la cancelación de la carta de naturalización de conformidad con la Ley.

CAPÍTULO II
DE LOS EXTRANJEROS

Artículo 30. Los extranjeros están obligados desde su ingreso al territorio nacional a respetar las autoridades y a cumplir las leyes.

Artículo 31. Los extranjeros gozan de los mismos derechos civiles de los hondureños con las restricciones que por razones calificadas de orden público, seguridad, interés o conveniencia social establecen las leyes.

Los extranjeros, también están sujetos a los mismos tributos ordinarios y extraordinarios de carácter general a que están obligados los hondureños, de conformidad con la Ley.

Artículo 32. Los extranjeros no podrán desarrollar en el país actividades políticas de carácter nacional ni internacional, bajo pena de ser sancionados de conformidad con la Ley.

Artículo 33. Los extranjeros no podrán hacer reclamaciones ni exigir indemnización alguna del Estado sino en la forma y en los casos en que pudieren hacerlo los hondureños.

No podrán recurrir a la vía diplomática sino en los casos de denegación de justicia. Para este efecto no se entenderá por denegación de justicia que un fallo sea desfavorable al reclamante. Los que contravinieren esta disposición perderán el derecho de habitar en el país.

Artículo 34. Los extranjeros solamente podrán, dentro de los límites que establezca la Ley, desempeñar empleos en la enseñanza de las ciencias y de las artes y prestar al Estado servicios técnicos o de asesoramiento; cuando no haya hondureños que puedan desempeñar dichos empleos o prestar tales servicios.

Artículo 35. La inmigración estará condicionada a los intereses sociales, políticos, económicos y demográficos del país. La Ley establecerá los requisitos, cuotas y condiciones para el ingreso de los inmigrantes al país, así como las prohibiciones, limitaciones y sanciones a que estarán sujetos los extranjeros.

CAPÍTULO III
DE LOS CIUDADANOS

Artículo 36. Son ciudadanos todos los hondureños mayores de (18) dieciocho años.

Artículo 37. Son derechos del ciudadano:
1. Elegir y ser electo;
2. Optar a cargos públicos;
3. Asociarse para constituir partidos políticos; ingresar o renunciar a ellos; y,
4. Los demás que le reconocen esta Constitución y las Leyes.

Los ciudadanos de alta en las Fuerzas Armadas y Cuerpos de Seguridad del Estado no podrán ejercer el sufragio, pero sí serán elegibles en los casos no prohibidos por la Ley.

Artículo 38. Todo hondureño está obligado a defender la Patria, respetar las autoridades y contribuir al sostenimiento moral y material de la nación.

Artículo 39. Todo hondureño deberá ser inscrito en el Registro Nacional de las Personas.

Artículo 40. Son deberes del ciudadano:

1. Cumplir, defender y velar porque se cumplan la Constitución y las leyes;
2. Obtener su Tarjeta de Identidad;
3. Ejercer el sufragio;
4. Desempeñar, salvo excusa o renuncia con causa justificada, los cargos de elección popular:
5. Cumplir con el servicio militar: y,
6. Las demás que establezcan la Constitución y las leyes.

Artículo 41. La calidad del ciudadano se suspende:

1. Por auto de prisión decretado por delito que merezca pena mayor;
2. Por sentencia condenatoria firme, dictada por causa de delito; y,
3. Por interdicción judicial.

Artículo 42. La calidad de ciudadano se pierde:

1). Por prestar servicios en tiempo de guerra a enemigos de Honduras o de sus aliados;
2). Por prestar ayuda en contra del Estado de Honduras, a un extranjero o a un gobierno extranjero en cualquier reclamación diplomática o ante un tribunal internacional;
3). Por desempeñar en el país, sin licencia del Congreso Nacional, empleo de nación extranjera, del ramo militar o de carácter político;
4). Por coartar la libertad de sufragio, adulterar documentos electorales o emplear medios fraudulentos para burlar la voluntad popular;
5). Por incitar, promover o apoyar el continuismo o la reelección del presidente de la República; y,
6). Por residir los hondureños naturalizados, por más de (2) dos años consecutivos, en el extranjero sin previa autorización del Poder Ejecutivo.

En los casos a que se refieren los numerales 1) y 2) la declaración de la perdida de la ciudadanía la hará el Congreso Nacional mediante expediente circunstanciado que se forme al efecto. Para los casos de los humerales 3) y 6), dicha declaración la hará el Poder Ejecutivo mediante acuerdo gubernativo; y para los casos de los incisos 4) y 5) también por acuerdo gubernativo, previa sentencia condenatoria dictada por los tribunales competentes.

Artículo 43. La calidad de ciudadano se restablece:
1. Por sobreseimiento definitivo confirmado;
2. Por sentencia firme absolutoria;
3. Por amnistía o por indulto; y,
4. Por cumplimiento de la pena.

CAPÍTULO III
DEL REGISTRO NACIONAL DE LAS PERSONAS

Artículo 43-A. El Registro Nacional de las Personas es una Institución autónoma, de seguridad nacional, técnica estratégica, con personalidad jurídica, con independencia técnica, presupuestaria y financiera, tiene su domicilio en la Capital de la República, con competencia y jurisdicción nacional. La Ley del Registro Nacional de las Personas fijará, todo lo relativo a su estructuración y funcionamiento, dicha Ley debe ser aprobada, reformada o derogada con el voto de al menos dos terceras partes de la totalidad de los diputados del Congreso Nacional.

El Registro Nacional de las Personas será administrado por una Comisión Permanente, que estará integrada por tres (3) comisionados propietarios y dos (2) Suplentes, que sustituirán a los propietarios en sus ausencias, electos por las dos terceras (2/3) partes de la totalidad de los miembros del Congreso Nacional y ejercerán sus cargos por un período de cinco (5) años, pudiendo ser reelectos. Los comisionados propietarios elegirán en su primera sesión, entre ellos, al presidente y el orden de rotación de la presidencia, por un período de un año. Ningún Comisionado repetirá en la presidencia hasta que los demás la hubiesen ejercido.

Los requisitos e inhabilidades establecidas para la secretarios de Estados se aplican para ser comisionado del Registro Nacional de las personas.

Artículo 43-B. La función pública registral corresponde al Registro Nacional de las personas, quien es el órgano del Estado encargado de dar certeza, autenticidad y seguridad jurídica a los hechos, actos vitales y situaciones relacionadas con personas naturales, con los objetivos de garantizar sus derechos civiles, sistematizando las inscripciones y anotaciones en sus registros, encargado de administrar el Sistema de Identificación Nacional y de elaborar y extender el Documento Nacional de Identificación, a todos los ciudadanos; además será el encargado de proporcionar permanentemente, sin costo alguno, al Consejo Nacional Electoral la información depurada de los ciudadanos que hayan obtenido dicho Documento de Identificación, así como de las defunciones ocurridas e inscritas en sus registros, para la elaboración del Censo Nacional Electoral [6].

CAPÍTULO IV
DEL SUFRAGIO Y LOS PARTIDOS POLÍTICOS

Artículo 44. El sufragio es un derecho y una función pública.

---

[6] **Artículos 43-A y 43-B Capítulo III-A, Del Registro Nacional de las Personas,** adicionados por Decreto No. 200-2018, de fecha 24 de enero del 2019 y publicado en el Diario Oficial La Gaceta No. 34,856 de fecha 28 de enero del 2019. Ratificado por Decreto No. 2-2019 de fecha 29 de enero del 2019 y publicado en el Diario Oficial La Gaceta No. 34,864 de fecha 6 de febrero del 2019.

El voto es universal, obligatorio, igualitario, directo, libre y secreto.

Artículo 45. Se declara punible todo acto por el cual se prohíba o limite la participación del ciudadano en la vida política del país.

Artículo 46. Se adopta el sistema de representación proporcional o por mayoría en los casos que determine la Ley, para declarar electos en sus cargos a los candidatos de elección popular.

Artículo 47. Los partidos políticos legalmente inscritos son instituciones de derecho público, cuya existencia y libre funcionamiento garantiza esta Constitución y la Ley, para lograr la efectiva participación política de los ciudadanos.

Artículo 48. Se prohíbe a los partidos políticos atentar contra el sistema republicano, democrático y representativo de gobierno.

Artículo 49. El Estado contribuirá a financiar los gastos de los partidos políticos, de conformidad con la Ley.

Artículo 50. Los partidos políticos no podrán recibir subvenciones o subsidios de gobiernos, organizaciones o instituciones extranjeras.

CAPÍTULO V
DE LA FUNCIÓN ELECTORAL

Artículo 51. Para el ejercicio de la función electoral, créase un Consejo Nacional Electoral y un Tribunal de Justicia Electoral, autónomos e independientes, sin relaciones de subordinación con los Poderes del Estado, de seguridad nacional, con personalidad jurídica, jurisdicción y competencia en toda la República[7].

Los actos y procedimientos administrativos, técnicos y de logística corresponderán al Consejo Nacional Electoral y los actos y procedimientos jurisdiccionales en materia electoral corresponderán de manera exclusiva al Tribunal de Justicia Electoral con jurisdicción y competencia fijada por la Ley.

La organización, atribuciones y funcionamiento de los organismos a que se refiere este artículo están establecidos en esta Constitución y las leyes que en materia electoral y consulta ciudadana se emitan, cuya aprobación, reforma o derogación requiere mayoría calificada de al menos dos terceras (2/3) partes de los votos de la totalidad de los diputados que integran el Congreso Nacional.

Artículo 52. El Consejo Nacional Electoral está integrado por tres (3) consejeros propietarios y dos (2) consejeros suplentes, electos por mayoría calificada de al menos dos terceras partes de los votos de la totalidad de los diputados que integran el Congreso Nacional, electos por un período de cinco (5) años, pudiendo ser reelectos.

Para ser consejero del Consejo Nacional Electoral se requiere ser: hondureño por nacimiento, mayor de treinta (30) años, poseer título universitario, de reconocida idoneidad y estar en el pleno ejercicio de sus derechos civiles.

---

[7] **10 Artículos números 51 párrafos i y 2; 52 párrafos 1 y 2; 53, 54 párrafos** 1,2 y 3; 55 párrafos 1 y. Reformados por Decreto No. 200-2018, de fecha 24 de enero dec2019 y publicado en el Diario Oficial La Gaceta No. 34,856 de fecha 28 de enero del 2019. Ratificado por Decreto No.2-2019 de fecha 20 de enero del 2019 y publicado en el Diario Oficial La Gaceta No.34,864 de fecha 6 de febrero del 2019.

No podrán ser consejeros quienes tengan vínculo de parentesco dentro del cuarto grado de consanguinidad o segundo de afinidad entre sí y con el presidente de la República y designados a la Presidencia de la República, los que al momento de ser electos estén nominados u ostenten cargos de elección popular.

Artículo 53. El Tribunal de Justicia Electoral es la máxima autoridad en materia de Justicia Electoral. Contra sus sentencias no cabe recurso alguno, sin perjuicio de lo dispuesto en la Ley sobre Justicia Constitucional. Una Ley Procesal Electoral regulará las competencias específicas, la organización y el funcionamiento del Tribunal.

Artículo 54. El Tribunal de Justicia Electoral está integrado por tres (3) magistrados propietarios y dos (2) suplentes, electos por mayoría calificada de al menos las dos terceras (2/3) partes de la totalidad de los votos de los diputados que integran el Congreso Nacional, serán electos por un periodo de cinco (5) años, pudiendo ser reelectos.

Para ser electo magistrado del Tribunal de Justicia Electoral se requieren los requisitos siguientes.

1) Ser hondureño por nacimiento.
2) Ciudadano en el goce y ejercicio de sus derechos.
3) Abogado con más de diez (10) años de experiencia en el ejercicio profesional; y,
4) Mayor de treinta y cinco (35) años.

No podrán ser magistrados del Tribunal de Justicia Electoral los que incurran en las mismas inhabilidades que se establecen para ser magistrado de la Corte Suprema de Justicia.

Artículo 55. Los miembros propietarios del Consejo Nacional Electoral y del Tribunal de Justicia Electoral, elegirán en su primera sesión al presidente y el orden de rotación de la presidencia, la cual se ejercerá por un periodo de un (1) año. Ningún miembro propietario repetirá en la presidencia hasta que los demás la hubiesen ejercido.

Los consejeros del Consejo Nacional Electoral y los magistrados del Tribunal de Justicia Electoral no podrán realizar o participar de manera directa o indirecta en ninguna actividad partidista, ni desempeñar ningún cargo remunerado, excepto la docencia y las ciencias médicas.

Artículo 56. El Censo Nacional Electoral es público, permanente e inalterable. La inscripción de los ciudadanos, así como las modificaciones ocurridas por muerte, cambio ni vecindario, suspensión, perdida o restablecimiento de la ciudadanía, se verificará en los plazos y con las modalidades que determine la Ley.

Artículo 57. La acción penal por los delitos electorales establecidos por la ley es pública y prescribe en cuatro (4) años.

Artículo 58. La justicia ordinaria, sin distinción de fueros, conocerá de los delitos y faltas electorales.

TÍTULO III

DE LAS DECLARACIONES, DERECHOS Y GARANTÍAS

CAPÍTULO I
DE LAS DECLARACIONES

Artículo 59. La persona humana es el fin supremo de la sociedad y del Estado. Todos tienen la obligación de respetarla y protegerla. La dignidad del ser humano es inviolable. Para garantizar los derechos y libertades reconocidos en esta Constitución, créase la Institución del comisionado Nacional de los Derechos Humanos. La Organización, prerrogativas y atribuciones del Comisionado Nacional de los Derechos Humanos será objeto de una Ley Especial[8].

Artículo 60. Todos los hombres nacen libres e iguales en derechos.

En Honduras no hay clases privilegiadas. Todos los hondureños son iguales ante la Ley.

Se declara punible toda discriminación por motivo de sexo, raza, clase y cualquier otra lesiva a la dignidad humana.

La Ley establecerá los delitos y sanciones para el infractor de este precepto.

Artículo 61. La Constitución garantiza a los hondureños y extranjeros residentes en el país, el derecho a la inviolabilidad de la vida, a la seguridad individual, a la libertad, a la igualdad ante la ley y a la propiedad.

Artículo 62. Los derechos de cada hombre están limitados por los derechos de los demás, por la seguridad de todos y por las justas exigencias del bienestar general y del desenvolvimiento democrático.

Artículo 63. Las declaraciones, derechos y garantías que enumera esta Constitución, no serán entendidos como negación de

---

[8] **Artículo 59.** Reformado por Decreto No. 191-94 de fecha 15 de diciembre de 1994 publicado en el Diario Oficial La Gaceta No. 27,553 de fecha 14 de enero de 1993 Ratificado por Decreto No. 2-95 de fecha 7 de febrero de 19gs, publicado en el Diario Oficial La Gaceta No. 27,595 del 4 de marzo de 1995.

otras declaraciones, derechos y garantías no especificadas, que nacen de la soberanía de la forma republicana, democrática y representativa de gobierno y la dignidad del hombre.

Artículo 64. No se aplicarán leyes y disposiciones gubernativas o de cualquier otro orden, que regulen el ejercicio de las declaraciones, derechos y garantías establecidas en esta Constitución, si los disminuyen, restringen o tergiversan.

CAPÍTULO II
DE LOS DERECHOS INDIVIDUALES

Artículo 65. El derecho a la vida es inviolable.

Artículo 66. Se prohíbe la pena de muerte.

Artículo 67. Al que está por nacer se le considerará nacido para todo lo que le favorezca dentro de los límites establecidos por la Ley.

Se considera prohibida e ilegal la práctica de cualquier forma de interrupción de la vida por parte de la madre o un tercero al que está por nacer, a quien debe respetársele la vida desde su concepción[9].

Lo dispuesto en este artículo de la presente Constitución, sólo podrán reformarse por una mayoría de tres cuartas partes (3/4 de los miembros del Pleno del Congreso Nacional, sus disposiciones no perderán vigencia o dejarán de cumplirse cuando sea supuestamente derogado o modificado por otro precepto constitucional.

---

[9] **Artículo 67 párrafos del 2 al 4.** Reformado por Adición según Decreto 192-2020 de fecha 21 de enero de 2021, publicado en el Diario Oficial La Gaceta No. 35,494 de fecha 22 de enero de 2021, Ratificado por Decreto 3-2021 de fecha 28 de enero de 2021 y publicado en el Diario Oficial La Gaceta No. 35,500 del 28 de enero del 2021.

Serán nulas e inválidas las disposiciones legales que se creen con posterioridad a la vigencia del presente artículo que establezcan lo contrario.

Artículo 68. Toda persona tiene derecho a que se respete su integridad física, psíquica y moral.

Nadie debe ser sometido a torturas, ni penas o tratos crueles, inhumanos o degradantes.

Toda persona privada de libertad será tratada con el respeto debido a la dignidad inherente al ser humano.

Artículo 69. La libertad personal es inviolable y sólo con arreglo a las leyes podrá ser restringida o suspendida temporalmente.

Artículo 70. Todos los hondureños tienen derecho a hacer lo que no perjudique a otro y nadie estará obligado a hacer lo que no estuviere legalmente prescrito ni impedido de ejecutar lo que la Ley no prohíbe.

Ninguna persona podrá hacerse justicia por sí misma, ni ejercer violencia para reclamar su derecho.

Ningún servicio personal es exigible, ni deberá prestarse gratuitamente, sino en virtud de ley o sentencia fundada en la Ley.

Artículo 71. Ninguna persona puede ser detenida ni incomunicada por más de veinticuatro (24) horas posteriores a su detención, sin ser puesta en libertad o a la orden de autoridad competente para iniciar su proceso de juzgamiento. Excepcionalmente este plazo lo extenderá la autoridad competente hasta cuarenta y ocho (48) horas, cuando se trate de delitos de investigación compleja, a causa de la multiplicidad de los hechos relacionados, dificultad en la obtención de pruebas o por el elevado número de imputados o víctimas[10].

La medida de excepcionalidad debe ser desarrollada en el Código Procesal Penal.

La detención judicial para inquirir no podrá exceder de (6) seis días contados desde el momento en que se produzca la misma.

Artículo 72. Es libre la emisión del pensamiento por cualquier medio de difusión, sin previa censura. Son responsables ante la ley los que abusen de este derecho y aquellos que por medios directos o indirectos restrinjan o impidan la comunicación y circulación de ideas y opiniones.

Artículo 73. Los talleres de impresión, las estaciones radio eléctricas, de televisión y de cualesquiera otros medios de emisión y difusión del pensamiento, así como todos sus elementos, no podrán ser decomisados ni confiscados, ni clausuradas o interrumpidas sus labores por motivo de delito o falta en la emisión del pensamiento sin perjuicio de las responsabilidades en que se haya incurrido por estos motivos, de conformidad con la Ley.

Ninguna empresa de difusión del pensamiento podrá recibir subvenciones de gobiernos o partidos políticos extranjeros. La Ley establecerá la sanción que corresponda por la violación de este precepto.

---

[10] **13 Artículo 71**. Reformado por Decreto 106-2on de fecha 24 de junio de 2om y Publicado en el Diario Oficial La Gaceta No. 32,588 del 8 de agosto de 2011. Ratificado por Decreto No. 88-2012 de fecha 24 de mayo de 2012 y publicado en el Diario Oficial La Gaceta No. 32,847 de fecha 15 de junio de 2012.

La dirección de los periódicos impresos, radiales o televisados, y la orientación intelectual, política y administrativa de los mismos, será ejercida exclusivamente por hondureños por nacimiento.

Artículo 74. No se puede restringir el derecho de emisión del pensamiento por vías o medios indirectos, tales como el abuso de controles oficiales o particulares del material usado para la impresión de periódicos; de las frecuencias o de enseres o aparatos usados para difundir la información.

Artículo 75. La Ley que regule la emisión del pensamiento, podrá establecer censura previa, para proteger los valores éticos y culturales de la sociedad, así como los derechos de las personas, especialmente de la infancia, de la adolescencia y de la juventud.

La propaganda comercial de bebidas alcohólicas y consumo de tabaco será regulada por la Ley.

Artículo 76. Se garantiza el derecho al honor, a la intimidad personal, familiar y a la propia imagen.

Artículo 77. Se garantiza el libre ejercicio de todas las religiones y cultos sin preeminencia alguna, siempre que no contravengan las leyes y el orden público.

Los ministros de las diversas religiones no podrán ejercer cargos públicos ni hacer en ninguna forma propaganda política, invocando motivos de religión o valiéndose, como medio para tal fin, de las creencias religiosas del pueblo.

Artículo 78. Se garantizan las libertades de asociación y de reunión siempre que no sean contrarias al orden público y a las buenas costumbres.

Artículo 79. Toda persona tiene derecho de reunirse con otras, pacíficamente y sin armas, en manifestación pública o en asamblea transitoria, en relación con sus intereses comunes de cualquier índole, sin necesidad de aviso o permiso especial.

Las reuniones al aire libre y las de carácter político podrán ser sujetas a un régimen de permiso especial con el único fin de garantizar el orden público.

Artículo 80. Toda persona o asociación de personas tiene el derecho de presentar peticiones a las autoridades ya sea por motivos de interés particular o general y de obtener pronta respuesta en el plazo legal.

Artículo 81. Toda persona tiene derecho a circular libremente, salir, entrar y permanecer en el territorio nacional.

Nadie puede ser obligado a mudar de domicilio o residencia, sino en los casos especiales y con los requisitos que la Ley señala.

Artículo 82. El derecho de defensa es inviolable.
Los habitantes de la República tienen libre acceso a los tribunales para ejercitar sus acciones en la forma que señalan las leyes.

Artículo 83. Corresponde al Estado nombrar procuradores para la defensa de los pobres y para que velen por las personas e intereses de los menores e incapaces. Darán a ellos asistencia legal y los representarán judicialmente en la defensa de su libertad individual y demás derechos.

Artículo 84. Nadie podrá ser arrestado o detenido sino en virtud de mandato escrito de autoridad competente, expedido con las formalidades legales y por motivo previamente establecido en la Ley.

No obstante, el delincuente infraganti puede ser aprehendido por cualquier persona para el único efecto de entregarlo a la autoridad.

El arrestado o detenido debe ser informado en el acto y con toda claridad de sus derechos y de los hechos que se le imputan; y, además, la autoridad debe permitirle comunicar su detención a un pariente o persona de su elección.

Artículo 85. Ninguna persona puede ser detenida o presa sino en los lugares que determine la Ley.

Artículo 86. Toda persona sometida a juicio, que se encuentre detenida, tiene derecho a permanecer separada de quienes hubieren sido condenados por sentencia judicial.

Artículo 87. Las cárceles son establecimientos de seguridad y defensa social. Se procurará en ellas la rehabilitación del recluido y su preparación para el trabajo.

Artículo 88. No se ejercerá violencia ni coacción de ninguna clase sobre las personas para forzarlas a declarar.

Nadie puede ser obligado en asunto penal, disciplinario o de policía, a declarar contra sí mismo, contra su cónyuge o compañero de hogar, ni contra sus parientes dentro del cuarto grado de consanguinidad o segundo de afinidad.

Sólo hará prueba la declaración rendida ante Juez competente.

Toda declaración obtenida con infracción de cualesquiera de estas disposiciones es nula y los responsables incurrirán en las penas que establezca la ley.

Artículo 89. Toda persona es inocente mientras no se haya declarado su responsabilidad por autoridad competente.

Artículo 90. Nadie puede ser juzgado sino por Juez o Tribunal competente con las formalidades, derechos y garantías que la Ley establece.

Se reconoce el fuero de guerra para los delitos y faltas de orden militar. En ningún caso los tribunales militares podrán extender su jurisdicción sobre personas que no estén en servicio activo en las Fuerzas Armadas[11].

Artículo 91. Cuando en un delito o falta de orden militar, estuviese implicado un civil o un militar de baja, conocerá del caso la autoridad competente del fuero común.

Artículo 92. Solo podrá decretarse Auto de Formal Procesamiento, cuando exista evidencia probatoria de la existencia de un delito e indicios racionales de que el imputado es autor o cómplice. En la misma forma se hará la declaratoria de reo.

Artículo 93. Aún con auto de prisión ninguna persona puede ser llevada a la cárcel ni detenida en ella, si otorga caución suficiente, de conformidad con la Ley.

Artículo 94. A nadie se impondrá pena alguna sin haber sido oído y vencido en juicio, y sin que le haya sido impuesta por resolución ejecutoria de juez o autoridad competente.

En los casos de apremio y otras medidas de igual naturaleza en materia civil o laboral, así como en los de multa o arresto en materia de policía, siempre deberá ser oído el afectado.

Artículo 95. Ninguna persona será sancionada con penas no establecidas previamente en la Ley, ni podrá ser juzgada otra vez

---

[11] **Artículo 90 Párrafo segundo, Interpretado,** mediante Decreto 58-93 de fecha 30 de marzo de 1993 y publicado en el Diario Oficial La Gaceta No. 27,059 con fecha del 2 de junio de 1993. *Fuero de Guerra:* "El conjunto de normas contenidas en la legislación penal militar, a ser aplicadas por los tribunales militares a los miembros de las Fuerzas Armadas que estando de alta y en actos de servicio, incurrieren en la comisión de delitos o faltas de naturaleza estrictamente militar". Cuando se diera el caso de conflicto de competencia (si el delito es penal común o penal militar), prevalecerá el fuero común.

por los mismos hechos punibles que motivaron anteriores enjuiciamientos.

Artículo 96. La Ley no tiene efecto retroactivo, excepto en materia penal cuando la nueva Ley favorezca al delincuente o procesado.

Artículo 97. Nadie podrá ser condenado a penas infamantes, proscriptivas o confiscatorias.

Se establece la pena de privación de la libertad a perpetuidad. La Ley Penal determinará su aplicación para aquellos delitos en cuya comisión concurran circunstancias graves, ofensivas y degradantes, que por su impacto causen conmoción, rechazo, indignación y repugnancia en la comunidad nacional[12].

Las penas privativas de la libertad por simples delitos y las acumuladas por varios delitos se fijarán en la ley penal.

Artículo 98. Ninguna persona podrá ser detenida, arrestada o presa por obligaciones que no provengan del delito o falta.

Artículo 99. El domicilio es inviolable. Ningún ingreso o registro podrá verificarse sin consentimiento de la persona que lo habita o resolución de autoridad competente. No obstante, puede ser allanado, en caso de urgencia, para impedir la comisión o impunidad de delitos o evitar daños graves a la persona o a la propiedad.

---

[12] **Artículo 97**. Reformado mediante el Decreto 46-97 del 5 de mayo de 1997 y publicado en el Diario Oficial La Gaceta No. 28,318 el 23 de julio de 1907; Ratificado por Decreto 258-98 del 30 de octubre de 1998, publicada en el Diario Oficial la Gaceta No. 28,736 del 9 de diciembre de 1998.

Exceptuando los casos de urgencia, el allanamiento del domicilio no puede verificarse de las (6) seis de la tarde a las (6) seis de la mañana, sin incurrir en responsabilidad.

La Ley determinará los requisitos y formalidades para que tenga lugar el ingreso, registro o allanamiento, así como las responsabilidades en que pueda incurrir quien lo lleve a cabo.

Artículo 100. Toda persona tiene derecho a la inviolabilidad y al secreto de las comunicaciones, en especial de las postales, telegráficas y telefónicas, salvo resolución judicial.

Los libros y comprobantes de los comerciantes y los documentos personales únicamente estarán sujetos a inspección o fiscalización de la autoridad competente, de conformidad con la Ley.

Las comunicaciones, los libros, comprobantes y documentos a que se refiere el presente artículo, que fueren violados o sustraídos no harán fe en juicio.

En todo caso, se guardará siempre el secreto respecto de los asuntos estrictamente privados que no tengan relación con el asunto objeto de la acción de la autoridad.

Artículo 101. Honduras reconoce el derecho de asilo en la forma y condiciones que establece la Ley.

Cuando procediere de conformidad con la Ley revocar o no otorgar el asilo, en ningún caso se expulsará al perseguido político o al asilado, al territorio del Estado que pueda reclamarlo.

El Estado no autorizará la extradición de reos por delitos políticos y comunes conexos.

Artículo 102. Ningún hondureño podrá ser expatriado ni entregado por las autoridades a un Estado Extranjero.

Se exceptúan de esta disposición los casos relacionados con delitos de Tráfico de Estupefacientes en cualquiera de sus tipologías, Terrorismo y cualquier otro ilícito de Criminalidad Organizada y cuando exista Tratado o Convenio de Extradición con el país solicitante[13].

En ningún caso se podrá extraditar a un hondureño por delitos políticos y comunes conexos.

Artículo 103. El Estado reconoce, fomenta y garantiza la existencia de la propiedad privada en su más amplio concepto de función social y sin más limitaciones que aquellas que por motivos de necesidad o de interés público establezca la Ley.

Artículo 104. El derecho de la propiedad no perjudica el dominio eminente del Estado.

Artículo 105. Se prohíbe la confiscación de bienes.

La propiedad no puede ser limitada en forma alguna por causa de delito político.

El derecho de reivindicar los bienes confiscados es imprescriptible.

Artículo 106. Nadie puede ser privado de su propiedad sino por causa de necesidad o interés público calificados por la Ley o por

---

[13] **Artículo 102.** Reformado a través Decreto 269-2011 de fecha 19 de enero de 2012 y publicado en el Diario Oficial La Gaceta No.32,729 de fecha 24 de enero de 2012 Ratificado por Decreto 2-2012 de fecha 25 de enero 2o12 y publicado en el Diario Oficial la Gaceta No. 32,758 de fecha 27 de febrero de 2012.

resolución fundada en Ley, y sin que medie previa indemnización justipreciada.

En caso de guerra o conmoción interior, no es indispensable que la indemnización sea previa, pero el pago correspondiente se hará, a más tardar, (2) dos años después de concluido el estado de emergencia.

Artículo 107. Los terrenos del Estado, ejidales, comunales o de propiedad privada situados en la zona limítrofe a los estados vecinos, o en el litoral de ambos mares, en una extensión de (40) cuarenta kilómetros hacia el interior del país, y los de las islas, cayos, arrecifes, escolladeros, peñones, sirtes y bancos de arena, sólo podrán ser adquiridos o poseídos o tenidos a cualquier título por hondureños de nacimiento, por sociedades integradas en su totalidad por socios hondureños y por las instituciones del Estado, bajo pena de nulidad del respectivo acto o contrato.

La adquisición de bienes urbanos, comprendidos en los límites indicados en el párrafo anterior, será objeto de una legislación especial. Se prohíbe a los registradores de la propiedad la inscripción de documentos que contravengan estas disposiciones[14].

---

[14] **Artículo 107.** Estúdiese el Decreto 90-90 del 14 de agosto de 1990, publicado en el Diario Oficial La Gaceta el 20 de agosto de 1990. Ley para la Adquisición de Bienes Urbanos en las Áreas que delimita el artículo 107 de la Constitución de la República. El objeto de dicha Ley es regular la adquisición de dominio de inmuebles urbanos ubicados en las Áreas a que se refiere el artículo 107, por personas naturales que no sean hondureñas por nacimiento y por sociedades que no estén integradas en su totalidad por socios hondureños. Dichas aéreas deben haber sido declaradas como potencial turístico o estar ubicadas dentro de las zonas de turismo que hayan sido declaradas como tales por la Secretaría de Turismo, previo dictamen emitido por el Instituto Nacional Agrario y la Municipalidad respectiva. El dictamen del Instituto Nacional Agrario deberá pronunciarse concretamente sobre si las aéreas que se pretenden declararse urbanas no están dentro del programa de Reforma Agraria. Asimismo, el de la Municipalidad determinará si las aéreas

Artículo 108. Todo autor, inventor, productor o comerciante gozará de la propiedad exclusiva de su obra, invención, marca nombre comercial con arreglo a la Ley.

Artículo 109. Los impuestos no serán confiscatorios.

Nadie está obligado al pago de impuestos y demás tributos que no hayan sido legalmente decretados por el Congreso Nacional en sesiones ordinarias.

Ninguna autoridad aplicará disposiciones en contravención a este precepto sin incurrir en la responsabilidad que determine la Ley.

Artículo 110. Ninguna persona natural que tenga la libre administración de sus bienes puede ser privada del derecho de terminar sus asuntos civiles por transacción o arbitramento.

CAPÍTULO III
DE LOS DERECHOS SOCIALES

Artículo 111. La familia, el matrimonio, la maternidad y la infancia están bajo la protección del Estado.

Artículo 112. Se reconoce el derecho del hombre y de la mujer, que tengan la calidad de tales naturalmente, a contraer matrimonio entre sí, así como la igualdad jurídica de los cónyuges[15].

---

son o no ejidales. El Reglamento establece los requisitos, obligaciones, condiciones y plazos que deben reunir los proyectos turísticos que se pretendan desarrollar. Artículos 1 y 4 y Decreto No. 968, Ley para la Declaratoria, Planeamiento y Desarrollo de las Zonas de Turismo, Título V, Capítulo V, artículo 16.

[15] **Artículo 112. Reformado por Decreto** 176-2004 de fecha 28 de octubre de 2004, publicado en el Diario Oficial La Gaceta No. 30,586 de fecha 3 de enero de 2005, Ratificado por Decreto 36-2005 de fecha 29 de marzo del 2005 y publicado en el Diario Oficial La Gaceta No. 30,687 de fecha 4 de mayo del 2005.

Sólo es válido el matrimonio civil celebrado ante funcionario competente y con las condiciones requeridas por la Ley.

Se reconoce la unión de hecho entre las personas igualmente capaces para contraer matrimonio. La Ley señalará las condiciones para que surta los efectos del matrimonio.

Se prohíbe el matrimonio y la unión de hecho entre personas del mismo sexo.

Los matrimonios o uniones de hechos entre personas del mismo sexo celebrado o reconocidos bajo las leyes de otros países no tendrán validez en Honduras. Lo dispuesto en este artículo sólo podrá reformarse por una mayoría de tres cuartas partes (3/4) de los miembros del Pleno un congreso Nacional serán nulas e inválidas las disposiciones legales que se creen con posterioridad a la vigencia del presente artículo que establezcan lo contrario[16].

Artículo 113. Se reconoce el divorcio como medio de disolución del vínculo matrimonial. La Ley regulará sus causales y efectos.

Artículo 114. Todos los hijos tienen los mismos derechos y deberes.

No se reconocen calificaciones sobre la naturaleza de la filiación. En ningún registro o documento referente a la filiación se

---

[16] **Artículo 112 párrafo último.** Reformado por Adición según Decreto 192-2020 de fecha 21 de enero de 2021, publicado en el Diario Oficial La Gaceta No. 35,494 de fecha 22 de enero de 2021. Ratificado por Decreto 3-2021 de fecha 28 de enero del 2021 y publicado en el Diario Oficial La Gaceta No. 35,500 de fecha 28 de enero del 2021.

consignará declaración alguna diferenciando los nacimientos ni señalando el estado civil de los padres.

Artículo 115. Se autoriza la investigación de la paternidad. La Ley determinará el procedimiento.

Artículo 116. Se reconoce el derecho de adopción a las personas unidas por el matrimonio o unión de hecho.

Se prohíbe dar en adopción niños o niñas a matrimonios o uniones de hecho conformados por personas del mismo sexo. La Ley regulará esta institución.

Artículo 117. Los ancianos merecen la protección especial del Estado.

Artículo 118. El patrimonio familiar será objeto de una legislación especial que lo proteja y fomente.

CAPÍTULO IV
DE LOS DERECHOS DEL NIÑO

Artículo 119. El Estado tiene la obligación de proteger a la infancia.

Los niños gozarán de la protección prevista en los acuerdos internacionales que velan por sus derechos.

Las leyes de protección a la infancia son de orden público y los establecimientos oficiales destinados a dicho fin tienen carácter de centros de asistencia social.

Artículo 120. Los menores de edad, deficientes física o mentalmente, los de conducta irregular, los huérfanos y los abandonados, están sometidos a una legislación especial de rehabilitación, vigilancia y protección según el caso.

Artículo 121. Los padres están obligados a alimentar, asistir y educar a sus hijos durante su minoría de edad, y en los demás casos en que legalmente proceda.

El Estado brindará especial protección a los menores cuyos padres o tutores están imposibilitados económicamente para proveer a su crianza y educación.

Estos padres o tutores gozarán de preferencia, para el desempeño de cargos públicos en iguales circunstancias de idoneidad.

Artículo 122. La Ley establecerá la jurisdicción y los tribunales especiales que conocerán de los asuntos de familia y de menores.

No se permitirá el ingreso de un menor de dieciocho (18) años a una cárcel o presidio[17].

Artículo 123. Todo niño deberá gozar de los beneficios de la seguridad social y la educación.

Tendrá derecho a crecer y desarrollarse en buena salud, para lo cual deberá proporcionarse, tanto a él como a su madre, cuidados especiales desde el período prenatal, teniendo derecho a disfrutar de alimentación, vivienda, educación, recreo, deportes y servicios médicos adecuados.

---

[17] **Artículo 122 párrafo segundo.** Interpretado mediante Decreto No. 41-95 de fecha 14 de marzo de 1995 y publicado en el Diario Oficial La Gaceta No. 27,633 del 21 de abril de 1995. En el sentido que los menores de 18 años que infrinjan la legislación penal serán recluidos en centros especiales que determine la Ley, distintos a las cárceles o presidios.

Artículo 124. Todo niño debe ser protegido contra toda forma de abandono, crueldad y explotación. No será objeto de ningún tipo de trata.

No deberá trabajar antes de una edad mínima adecuada, ni se le permitirá que se dedique a ocupación o empleo alguno que pueda perjudicar su salud, educación o impedir su desarrollo físico, mental o moral.

Se prohíbe la utilización de los menores por sus padres y otras personas, para actos de mendicidad.

La Ley señalará las penas aplicables a quienes incurran en la violación de este precepto.

Artículo 125. Los medios de comunicación deberán cooperar en la formación y educación del niño.

Artículo 126. Todo niño debe en cualquier circunstancia, figurar entre los primeros que reciban auxilio, protección y socorro.

CAPÍTULO V
DEL TRABAJO

Artículo 127. Toda persona tiene derecho al trabajo, a escoger libremente su ocupación y a renunciar a ella, a condiciones equitativas y satisfactorias de trabajo y a la protección contra el desempleo.

Artículo 128. Las leyes que rigen las relaciones entre patronos y trabajadores son de orden público. Son nulos los actos, estipulaciones o convenciones que impliquen renuncia, disminuyan, restrinjan o tergiversen las siguientes garantías:

1. La jornada diurna ordinaria de trabajo no excederá de (8) ocho horas diarias, ni de (44) cuarenta y cuatro a la semana. La jornada

nocturna ordinaria de trabajo no excederá de 6 seis horas diarias, ni de treinta y seis (36) a la semana.

La jornada mixta ordinaria de trabajo no excederá de (7) siete horas diarias ni de (42) cuarenta y dos a la semana;

Todas estas jornadas se remunerarán con un salario igual a de (48) cuarenta y ocho horas de trabajo. La remuneración de trabajo realizado en horas extraordinaria se hará conforme a lo que dispone la ley.

Estas disposiciones no se aplicarán en los casos de excepción, muy calificados que la Ley señale;

2. A ningún trabajador se podrá exigir el desempeño de labores que se extiendan más de (12) doce horas en cada período de veinticuatro (24) horas sucesivas, salvo los casos calificados por la Ley;

3. A trabajo igual corresponde salario igual sin discriminación alguna, siempre que el puesto, la jornada y las condiciones de eficiencia y tiempo de servicio sean también iguales. El salario deberá pagarse con moneda de curso legal;

4. Los créditos a favor de los trabajadores por salarios, indemnización y demás prestaciones sociales, serán singularmente privilegiados.

5. Todo trabajador tiene derecho a devengar un salario mínimo fijado periódicamente con intervención del Estado, los patronos y los trabajadores, suficiente para cubrir las necesidades normales de su hogar, en el orden material y cultural, atendiendo a las modalidades de cada trabajo, a las particulares condiciones de cada región y de cada labor, al costo de la vida, a la aptitud relativa de los trabajadores y a los sistemas de remuneración de las empresas; Igualmente se señalará un salario mínimo profesional en aquellas actividades en que el mismo no estuviese regulado por un contrato o convención colectiva;

El salario mínimo está exento de embargo, compensación y deducciones, salvo lo dispuesto por la ley atendiendo a obligaciones familiares y sindicales del trabajador;

6. El patrono está obligado a cumplir y hacer que se cumplan en las instalaciones de sus establecimientos, las disposiciones legales sobre higiene y salubridad, adoptando las medidas de seguridad

adecuadas en el trabajo, que permitan prevenir los riesgos profesionales y asegurar la integridad física y mental de los trabajadores.

Bajo el mismo régimen de previsión quedan sujetos los patronos de explotaciones agrícolas. Se establecerá una protección especial para la mujer y los menores;

7. Los menores de diez y seis (16) años y los que hayan cumplido esa edad y sigan sometidos a la enseñanza en virtud de la legislación nacional, no podrán ser ocupados en trabajo alguno.

No obstante, las autoridades de trabajo podrán autorizar su ocupación cuando la consideren indispensable para la subsistencia de los mismos, de sus padres o de sus hermanos y siempre que ello no impida cumplir con la educación obligatoria.

Para los menores de diez y siete (17) años la jornada de trabajo que deberá ser diurna, no podrá exceder de seis (6) horas al de 30) treinta a la semana, en cualquier clase de trabajo;

8. El trabajador tendrá derecho a disfrutar cada año de un período de vacaciones remuneradas, cuya extensión y oportunidad serán reguladas por la Ley.

En todo caso, el trabajador tendrá derecho al pago en efectivo de las vacaciones causadas y de las proporcionales correspondientes al período trabajado.

Las vacaciones no podrán compensarse por dinero, ni acumularse y el patrono está obligado a otorgarlas al trabajador y éste a disfrutarlas.

La Ley regulará estas obligaciones y señalará los casos de excepción permitidos para acumular y compensar vacaciones;

9. Los trabajadores tendrán derecho a descanso remunerado en los días feriados que señale la Ley. Esta determinará la clase de labores en que no regirá esta disposición, pero en estos casos los trabajadores tendrán derecho a remuneración extraordinaria;

10. Se reconoce el derecho de los trabajadores al pago del séptimo día; los trabajadores permanentes recibirán, además, el pago del décimo tercer mes en concepto de aguinaldo. La Ley regulará las modalidades y forma de aplicación de estas disposiciones;

11. La mujer tiene derecho a descanso antes y después del parto, sin pérdida de su trabajo ni de su salario. En el período de lactancia tendrá derecho a un descanso por día para amamantar a sus hijos. El patrono no podrá dar por terminado el contrato de trabajo de la mujer grávida ni después del parto, sin comprobar previamente una causa justa ante juez competente, en los casos y condiciones que señale la Ley;

12. Los patronos están obligados a indemnizar al trabajador por los accidentes de trabajo y las enfermedades profesionales, de conformidad con la Ley;

13. Se reconoce el derecho de huelga y de paro. La Ley reglamentará su ejercicio y podrá someterlo a restricciones especiales en los servicios públicos que determine;

14. Los trabajadores y los patronos tienen derecho, conforme a la Ley, a asociarse libremente para los fines exclusivos, de su actividad económico-social, organizando sindicatos o asociaciones profesionales; y,

15. El Estado tutela los contratos individuales y colectivos, celebrados entre patronos y trabajadores.

Artículo 129. La Ley garantiza la estabilidad de los trabajadores en sus empleos, de acuerdo con las características de las industrias y profesiones, y las justas causas de separación. Cuando el despido injustificado surta efecto y firme que sea, la sentencia condenatoria respectiva, el trabajador tendrá derecho a su elección, a una remuneración en concepto de salarios dejados de percibir, a título de daños y perjuicios, y a las indemnizaciones legales y convencionalmente previstas; o, a que se le reintegre al trabajo con el reconocimiento de salarios dejados de percibir, a título de daños y perjuicios.

Artículo 130. Se reconoce al trabajador a domicilio una situación jurídica análoga a la de los demás trabajadores, habida consideración de las particularidades de su labor.

Artículo 131. Los trabajadores domésticos serán amparados por la legislación social. Quienes presten servicios de carácter doméstico en empresas industriales, comerciales, sociales y demás equiparables, serán considerados como trabajadores manuales y tendrán los derechos reconocidos a éstos.

Artículo 132. La Ley regulará el contrato de los trabajadores de la agricultura, ganadería y silvicultura; del transporte terrestre, aéreo, del mar y vías navegables y de ferrocarriles; de las actividades petroleras y mineras; de los empleados de comercio y el de aquéllos otros que se realicen dentro de modalidades particulares.

Artículo 133. Los trabajadores intelectuales independientes y el resultado de su actividad, deberán ser objeto de una legislación protectora.

Artículo 134. Quedan sometidas a la jurisdicción del trabajo, todas las controversias jurídicas que se originen en las relaciones entre patronos y trabajadores. La Ley establecerá las normas correspondientes a dicha jurisdicción y a los organismos, que hayan de ponerlas en práctica.

Artículo 135. Las Leyes laborales estarán inspiradas en la armonía entre el capital y el trabajo como factores de producción.

El Estado debe tutelar los derechos de los trabajadores, y al mismo tiempo proteger el capital y al empleador.

Artículo 136. El trabajador puede participar de las utilidades o beneficioso de su patrono, pero nunca asumir sus riesgos o pérdidas.

Artículo 137. En igualdad de condiciones, los trabajadores hondureños tendrán preferencia sobre los trabajadores extranjeros.

Se prohíbe a los patronos emplear menos de un noventa (90%) por ciento de trabajadores hondureños y pagar a estos menos del ochenta y cinco (85%) por ciento del total de los salarios que se devenguen en sus respectivas empresas. Ambas proporciones pueden modificarse en los casos excepcionales que la Ley determine.

Artículo 138. Con el fin de hacer efectivas las garantías y leves laborales, el Estado vigilará e inspeccionará las empresas, imponiendo en su caso las sanciones que establezca la Ley.

Artículo 139. El Estado tiene la obligación de promover, organizar y regular la conciliación y el arbitraje para la solución pacífica de los conflictos de trabajo.

Artículo 140. El Estado promoverá la formación profesional y la capacitación técnica de los trabajadores.

Artículo 141. La Ley determinará los patronos que, por el monto de su capital o el número de sus trabajadores, estarán obligados a proporcionar a éstos y a sus familias, servicios de educación, salud, vivienda o de otra naturaleza.

CAPÍTULO VI
DE LA SEGURIDAD SOCIAL

Artículo 142. Toda persona tiene derecho a la seguridad de sus medios económicos de subsistencia en caso de incapacidad para trabajar u obtener trabajo retribuido.

Los servicios de Seguridad Social serán prestados y administrados por el Instituto Hondureño de Seguridad Social que cubrirá los casos de enfermedad, maternidad, subsidio de familia, vejez, orfandad, paros forzosos, accidentes de trabajo, desocupación comprobada, enfermedades profesionales y todas las demás contingencias que afecten la capacidad de producir.

El Estado creará instituciones de Asistencia y Prevención Social que funcionarán unificadas en un sistema unitario estatal con la aportación de todos los interesados y el mismo Estado.

Artículo 143. El Estado, los patronos, y trabajadores, estarán obligados a contribuir al financiamiento mejoramiento y expansión del Seguro Social. El régimen de seguridad social se implantará en forma gradual y progresiva, tanto en lo referente a los riesgos cubiertos como a las zonas geográficas y a la categoría de trabajadores protegidos.

Artículo 144. Se considera de utilidad pública la ampliación del régimen de Seguridad Social a los trabajadores de la ciudad y de campo.

CAPÍTULO VII
DE LA SALUD

Artículo 145. Se reconoce el derecho a la protección de la salud. Es deber de todos participar en la promoción y preservación de la salud personal y de la comunidad. El Estado conservará el medio ambiente adecuado para proteger la salud de las personas. En consecuencia, declarase el acceso al agua y saneamiento como un derecho humano. Cuyo aprovechamiento y uso será equitativo preferentemente para consumo humano. Asimismo, se garantiza la preservación de las fuentes de agua a fin de que estas no pongan en riesgo la vida y salud públicas[18].

Las actividades del Estado y de las entidades públicas y privadas se sujetarán a esta disposición. La Ley regulará esta materia.

Artículo 146. Corresponde al Estado por medio de sus dependencias y de los organismos constituidos de conformidad con

---

[18] **Artículo 145.** Reformado por Decreto 270-201 de fecha 19 de enero de 2012 y publicado en el Diario Oficial La Gaceta No. 32,753 de fecha 21 de febrero de 2012 Y Ratificado por Decreto 232-2012 de fecha 23 de enero del 2012, publicado en el Diario Oficial La Gaceta No. 33,033 del 24 de enero del 2013.

la Ley, la regulación, supervisión y control de los productos alimenticios, químicos, farmacéuticos y biológicos.

Artículo 147. La Ley regulará la producción, tráfico, tenencia, donación, uso y comercialización de drogas psicotrópicas que sólo podrán ser destinadas a los servicios asistenciales de salud y experimentos de carácter científico, bajo la supervisión de la autoridad competente.

Artículo 148. Créase el Instituto Hondureño para la prevención del alcoholismo, Drogadicción y Fármaco-dependencia, el que se regirá por una ley especial.

Artículo 149. El Poder Ejecutivo por medio de la Secretaría de Salud, coordinará todas a las actividades públicas de los organismos centralizados y descentralizados de dicho sector, mediante un plan racional de salud, en el cual se dará prioridad a los grupos más necesitados.

Corresponde al Estado supervisar las actividades privadas de salud conforme a la Ley.

Artículo 150. El Poder Ejecutivo fomentará los programas integrados para mejorar el estado nutricional de los hondureños.

CAPÍTULO VIII
DE LA EDUCACIÓN Y CULTURA

Artículo 151. La educación es función esencial del Estado para la conservación, el fomento y difusión de la cultura, la cual deberá proyectar sus beneficios a la sociedad sin discriminación de ninguna naturaleza.

La educación nacional será laica y se fundamentará en los principios esenciales de la democracia, inculcará y fomentará en los educandos profundos sentimientos hondureñistas y deberá vincularse directamente con el proceso de desarrollo económico y social del país.

Artículo 152. Los padres tendrán derecho preferente a escoger el tipo de educación que habrán de darle a sus hijos.

Artículo 153. El Estado tiene la obligación de desarrollar la educación básica del pueblo, creando al efecto los organismos administrativos y técnicos necesarios dependientes directamente de la Secretaría de Estado en el Despacho de Educación.

Artículo 154. La erradicación del analfabetismo es tarea primordial del Estado. Es deber de todos los hondureños cooperar para el logro de este fin.

Artículo 155. El Estado reconoce y protege la libertad de investigación, de aprendizaje y de cátedra.

Artículo 156. Los niveles de la educación formal serán determinados en la ley respectiva, excepto el nivel superior que corresponde a la Universidad Nacional Autónoma de Honduras.

Artículo 157. La educación en todos los niveles del sistema educativo formal, excepto el nivel superior, será autorizada, organizada, dirigida y supervisada exclusivamente por el Poder Ejecutivo por medio de la Secretaría de Educación, la cual administrará los centros de dicho sistema que sean totalmente financiados con fondos públicos.

Artículo 158. Ningún centro educativo podrá ofrecer conocimientos de calidad inferior a los del nivel que le corresponde conforme a la Ley.

Artículo 159. La Secretaría de Educación y la Universidad Nacional Autónoma de Honduras, sin menoscabo de sus respectivas competencias, adoptarán las medidas que sean necesarias para que la programación general de la educación nacional se integre en un sistema coherente, a fin de que los educando respondan adecuadamente a los requerimientos de la educación superior.

Artículo 160. La Universidad Nacional Autónoma de Honduras es una institución autónoma del Estado, con personalidad jurídica, goza de la exclusividad de organizar, dirigir y desarrollar la educación superior y profesional. Contribuirá a la investigación científica, humanística y tecnológica, a la difusión general de la cultura y al estudio de los problemas nacionales. Deberá programar su participación en la transformación de la sociedad hondureña.

Ley y sus estatutos fijarán su organización, funcionamiento y atribuciones.

Para la creación y funcionamiento de universidades Privadas, se emitirá una ley especial de conformidad con les principios que esta Constitución establece.

Sólo tendrán validez oficialmente los títulos de carácter académico otorgados por la Universidad Nacional Autónoma de Honduras, así como los otorgados por las Universidades privadas y extranjeras, reconocidos todos ellos por la Universidad Nacional Autónoma de Honduras[19].

---

[19] **Artículo 160 Párrafo cuarto.** Interpretado, mediante Decreto No. 160 de fecha 25 de noviembre de 1982 y publicado en el Diario Oficial La Gaceta No. 24,035 del 18 de junio de 1983. En el sentido de que los títulos de carácter académico otorgados
por las Universidades privadas y extranjeras deberán ser reconocidos por la Universidad Nacional Autónoma de Honduras, hasta tanto no se emita la Ley especial a que se refiere el párrafo tercero del mismo artículo, siempre que se hayan cumplido los requisitos establecidos en la Ley bajo cuya vigencia se obtuvieron.

La Universidad Nacional Autónoma de Honduras es la única facultada para resolver sobre las incorporaciones de profesionales egresados de universidades extranjeras.

Sólo las personas que ostentan título válido podrán ejercer actividades profesionales.

Los títulos que no tengan carácter universitario y cuyo otorgamiento correspondan al Poder Ejecutivo tendrán validez legal.

Artículo 161. El Estado contribuirá al sostenimiento, desarrollo y engrandecimiento de la Universidad Nacional Autónoma de Honduras, con una asignación privativa anual no menor del seis (6%) por ciento del Presupuesto de Ingresos netos de la República, excluidos los préstamos y donaciones.
La Universidad Nacional Autónoma de Honduras está exonerada de toda clase de impuestos y contribuciones.

Artículo 162. Por su carácter informativo y formativo, la docencia tiene una función social y humana que determina para el educador responsabilidades científicas y morales frente a sus discípulos, a la institución en que labore y a la sociedad.

Artículo 163. La formación de docentes es función y responsabilidad exclusiva del Estado; se entenderá como docente a quien administra, organiza, dirige, imparte o supervisa la labor educativa y que sustenta como profesión el magisterio.

Artículo 164. Los docentes en servicio en las escuelas primarias estarán exentos de toda clase de impuestos sobre los sueldos que devengan y sobre las cantidades que ulteriormente perciban en concepto de jubilación[20].

---

[20] **Artículo 164.** Interpretado, mediante Decreto No. 227-2000 de fecha 30 de noviembre del 2000 y publicado en el Diario Oficial La Gaceta

Artículo 165. La Ley garantiza a los profesionales en ejercicio de la docencia su estabilidad en el trabajo, un nivel de vida acorde con su elevada misión y una jubilación justa.

Se emitirá el correspondiente Estatuto del Docente hondureño.

Artículo 166. Toda persona natural o jurídica tiene derecho a fundar centros educativos dentro del respeto a la Constitución y la Ley.

Las relaciones de trabajo entre los docentes y propietarios de las instituciones privadas estarán regidas por las leyes educativas, sin perjuicio de los beneficios que se deriven de la legislación laboral.

Artículo 167. Los propietarios de fincas, fábricas y demás centros de producción en áreas rurales, están obligados a establecer y sostener escuelas de educación básica, en beneficio de los hijos de sus trabajadores permanentes, siempre que el número de niños de edad escolar exceda de treinta (30) y en las zonas fronterizas exceda de (20) veinte.

No. 29,373 de fecha 9 de enero del 2001. En el sentido que gozan de exención de toda clase de obligaciones
tributarias a nivel nacional y municipal, todos aquellos profesionales que administran,
organizan, dirigen, imparten o supervisan la labor educativa en los distintos niveles de
nuestro sistema educativo nacional, siempre y cuando sustente la profesión del magisterio. Es entendido que la exención a que se refiere este artículo cubre únicamente los sueldos que perciban bajo el concepto del ejercicio docente definido en los términos descritos, y de las cantidades que puedan corresponderle en concepto de jubilación o pensión.

Artículo 168. La enseñanza de la Constitución de la República, de la Historia y Geografía nacionales, es obligatoria y estará a cargo de profesionales hondureños.

Artículo 169. El Estado sostendrá y fomentará la educación de los minusválidos.

Artículo 170. El Estado impulsará el desarrollo de la educación extraescolar por medio de bibliotecas, centros culturales y toda forma de difusión.

Artículo 171. La Educación impartida será gratuita y obligatoria. Por un año en el nivel pre-básico y en su totalidad en los niveles básicos y medio, totalmente costeados por el Estado, quien establecerá los mecanismos de compulsión para hacer efectiva esta disposición[21].

Artículo 172. Toda riqueza antropológica, arqueológica, histórica y artística de Honduras forma parte del patrimonio cultural de la Nación.

La Ley establecerá las normas que servirán de base para su conservación, restauración, mantenimiento y restitución en su caso.

Es deber de todos los hondureños velar por su conservación e impedir su sustracción.

Los sitios de belleza cultural, monumentos y zonas reservadas, estarán bajo la protección del Estado.

---

[21] **Artículo 171**. Reformado por Decreto 273-2011 de fecha 19 de enero de 2012 y publicado en el Diario Oficial La Gaceta No. 32,753 de fecha 21 de febrero de 2013 y Ratificado por Decreto 232-2012 de fecha 23 de enero del 2012, publicado en el Diario Oficial La Gaceta No.33,033 del 24 de enero del 2013.

Artículo 173. El Estado preservará y estimulará las culturas nativas, así como las genuinas expresiones del folklore nacional, el arte popular y las artesanías.

Artículo 174. El Estado propiciará la afición y el ejercicio de la cultura física y los deportes.

Artículo 175. El Estado promoverá y apoyará la divulgación de producciones de autores nacionales o extranjeros que siendo legítimas creaciones filosóficas, científicas o literarias contribuyan al desarrollo nacional.

Artículo 176. Los medios de comunicación social del Estado se hallan al servicio de la educación y la cultura. Los medios de comunicación privados están obligados a coadyuvar para la consecución de dichos fines.

Artículo 177. Se establece la Colegiación Profesional obligatoria. La Ley reglamentará su organización y funcionamiento.

CAPÍTULO IX
DE LA VIVIENDA

Artículo 178. Se reconoce a los hondureños el derecho de vivienda digna. El Estado formulará y ejecutará programas de vivienda de interés social.

La Ley regulará el arrendamiento de viviendas y locales, la utilización del suelo urbano y la construcción, de acuerdo con el interés general.

Artículo 179. El Estado promoverá, apoyará y regulará la creación de sistemas y mecanismos para la utilización de los recursos internos y externos a ser canalizados hacia la solución del problema habitacional.

Artículo 180. Los créditos y préstamos internos o externos que el Estado obtenga para fines de vivienda serán regulados por la ley en beneficio del usuario final del crédito.

Artículo 181. Créase el Fondo Social para la Vivienda, cuya finalidad será el desarrollo habitacional en las áreas urbana y rural. Una ley especial regulará su organización y funcionamiento.

TÍTULO IV

DE LAS GARANTÍAS CONSTITUCIONALES

CAPÍTULO I
DEL HÁBEAS CORPUS, HÁBEAS DATA Y EL AMPARO[22]

Artículo 182. El Estado reconoce la garantía de Hábeas Corpus o Exhibición Personal, y de Hábeas Data. En consecuencia, en el Hábeas Corpus o Exhibición Personal toda persona agraviada o cualquier otra en nombre de ésta tiene derecho a promoverla; y en el de Hábeas Data únicamente puede promoverla la persona cuyos datos personales o familiares consten en los archivos, registros públicos o privados de la siguiente manera:

---

[22] **Artículos 182, 183, 184, 185 y 186.** Título IV, De las Garantías Constitucionales, Capítulo I. Del Hábeas Corpus Habeas Data y el Amparo. Reformado por Decreto 237-2012 de fecha 23 de enero del 2012, publicado en el Diario Oficial La Gaceta No. 33,033 del 24 de enero del 2013. Ratificado por Decreto 10-2013 del 30 de enero de 2013, publicado en el Diario Oficial La Gaceta No. 30,086 del 27 de marzo del 2013.

1) El Hábeas Corpus o Exhibición Personal:
a) Cuando se encuentre ilegalmente presa, detenida, cohibida de cualquier modo en el goce de su libertad; y,
b) Cuando en su detención o prisión legal, se apliquen al detenido o preso tormentos, torturas, vejámenes, exacción ilegal y toda coacción, restricción molestia innecesaria para su seguridad individual o para el orden de la prisión.
2) El Hábeas Data

Toda persona tiene el derecho de acceder a la información sobre sí misma o sus bienes en forma expedita y no onerosa, ya esté contenida en bases de datos, registros Públicos o Privados y, en el caso que este fuere necesario, actualizarla, rectificarla y/o suprimirla. No podrá afectarse el secreto de las fuentes de información periodística.

Las acciones de Hábeas Corpus y Hábeas Data se deben ejercer sin necesidad de poder ni de formalidad alguna, verbalmente o prescrito, utilizando cualquier medio de comunicación, en horas o días hábiles e inhábiles y libres de costas. Únicamente deben conocer de la garantía de Hábeas Data la Sala de lo Constitucional de la Corte Suprema de Justicia, quien tiene la obligación ineludible de proceder de inmediato para hacer cesar cualquier violación a los derechos del honor, intimidad personal o familiar y a la propia imagen.

Los titulares de los órganos jurisdiccionales no pueden desechar la acción de Hábeas Corpus o Exhibición Personal e igualmente tienen la obligación ineludible de proceder de inmediato para hacer cesar la violación de la libertad y a la seguridad personal.

En ambos casos, los titulares de los órganos jurisdiccionales que dejen de admitir estas acciones constitucionales incurren en responsabilidad penal y administrativa.

Las autoridades que ordenaren y los agentes que ejecutaren el ocultamiento del detenido o que en cualquier forma quebranten estas garantías incurren en el delito de detención ilegal.

Artículo 183. El Estado reconoce la garantía de amparo.

En consecuencia, toda persona agraviada o cualquier en nombre de ésta, tiene derecho a interponer recurso de amparo:

1) Para que se le mantenga o restituya en el goce y disfrute de los derechos o garantías que la Constitución, los tratados, convenciones y otros instrumentos internacionales establecen; y, 2) Para que se declare en casos concretos que un reglamento, hecho, acto o resolución de autoridad, no obliga al recurrente ni es aplicable por contravenir, disminuir o tergiversar cualesquiera de los derechos reconocidos por esta Constitución.

Cuando la acción de amparo se interpusiese ante un Órgano Jurisdiccional incompetente, éste debe remitir el escrito original Órgano Jurisdiccional competente.

El recurso de Amparo se debe interponer de conformidad con la Ley.

CAPÍTULO II
DE LA INCONSTITUCIONALIDAD Y LA REVISIÓN

Artículo 184. Las leyes podrán ser declaradas inconstitucionales por razón de forma o de contenido.

A la Corte Suprema de Justicia le compete el conocimiento y la resolución originaria y exclusiva en la materia, y deberá pronunciarse con los requisitos de las sentencias definitivas.

Artículo 185. La declaración de inconstitucionalidad de una Ley y su derogación debe solicitarse, por quien se considere lesionado en su interés directo personal y legítimo:

1) Por vía de acción que se debe entablar ante la Corte Suprema de Justicia;
2) Por vía de excepción, que puede oponer en cualquier procedimiento judicial; y,
3) También el Órgano Jurisdiccional que conozca en cualquier procedimiento Judicial, puede solicitar inconstitucionalidad de una Ley y su derogación antes de dictar resolución.

En los casos contemplados en los numerales 2) y 3), se debe elevar las actuaciones a la Corte Suprema de Justicia siguiéndose el Procedimiento hasta el momento de la citación para sentencia, a partir de lo cual se debe suspender el procedimiento judicial de la cuestión parcial en espera de la resolución sobre la inconstitucionalidad.

Artículo 186. Ningún poder ni autoridad puede avocarse causas pendientes ni abrir juicios fenecidos, salvo en causas juzgadas en materia penal y civil que pueden ser revisadas en toda época a favor de los condenados, a pedimento de éstos, de cualquier persona, del Ministerio Público o de oficio.

Toda persona agraviada que hubiese sido parte en el proceso, o con derecho a ser llamada a participar en el, puede demandar la revisión de sentencias firmes en materia civil dentro del plazo de seis (6) meses contados desde el día en que habiéndose realizado la última notificación quedó firme la sentencia.

La acción de revisión debe ejercer exclusivamente ante la Corte Suprema de Justicia. La Ley debe reglamentar los casos y la forma de revisión.

CAPÍTULO III
DE LA RESTRICCIÓN O LA SUSPENSION DE DERECHOS

Artículo 187. El ejercicio de los derechos establecidos en los artículos 69, 71, 72, 78, 81, 84, 93, 99 y 103, podrán suspenderse en caso de invasión del territorio nacional, perturbación grave de la paz, de epidemia o de cualquier otra calamidad general, por el presidente de la República, de acuerdo con el Consejo de ministros, por medio de un Decreto que contendrá:

1. Los motivos que lo justifique;
2. La garantía o garantías que se restrinjan;
3. El territorio que afectará la restricción; y,
4. El tiempo que durará ésta. Además se convocará en el mismo Decreto al Congreso Nacional para que dentro del plazo de (30) treinta días, conozca de dicho decreto y lo ratifique, modifique o impruebe.

En caso de que estuviere reunido, conocerá inmediatamente del Decreto.

La restricción de garantías no podrá exceder de un plazo de (15) cuarenta y cinco días por cada vez que se decrete.

Si antes de que venza el plazo señalado para la restricción, hubieren desaparecido las causas que motivaron el Decreto, se hará cesar en sus efectos, y en este caso todo ciudadano tiene el derecho para instar su revisión. Vencido el plazo de (45) cuarenta y cinco días, automáticamente quedan restablecidas las garantías, salvo que se hubiere dictado nuevo Decreto de restricción.

La restricción de garantías decretada, en modo alguno afectará el funcionamiento de los organismos del Estado, cuyos miembros gozarán siempre de las inmunidades y prerrogativas que les conceda la ley.

Artículo 188. El territorio en que fuesen suspendidas las garantías expresadas en el artículo anterior se regirá durante la suspensión, por la Ley de Estado de Sitio, pero ni en dicha ley ni en otra alguna podrá disponerse la suspensión de otras garantías que las ya mencionadas.

Tampoco podrá hacerse, durante la suspensión, declaraciones de nuevos delitos ni imponerse otras penas que las ya establecidas en las leyes vigentes al decretarse la suspensión[23].

TÍTULO V

DE LOS PODERES DEL ESTADO

CAPÍTULO I
DEL PODER LEGISLATIVO

Artículo 189. El Poder Legislativo se ejerce por un Congreso de Diputados, que serán elegidos por sufragio directo. Se reunirá en sesiones ordinarias en la capital de la República el veinticinco de enero de cada año, sin necesidad de convocatoria, y clausurará sus sesiones él treinta y uno de octubre del mismo año [24].

---

[23] **Artículo 188.** En la actualidad la suspensión de garantías no tiene ninguna ley que se aplique, en vista que la Ley de Estado de Sitio, Decreto No. 6 emitido por la Asamblea Nacional Constituyente de fecha 3 de abril de 1936, y publicado en el Diario Oficial La Gaceta No. 9,880 de fecha 23 de abril de 1936; fue derogado por Decreto No. 21-2011, del 7 de marzo de 2011 y publicado en el Diario Oficial la Gaceta No. 32,519 de fecha 19 de mayo de 2011.

[24] **Artículo 189. Interpretado,** mediante Decreto No. 287-98 de fecha 30 de noviembre de 1998 y publicado en el Diario Oficial La Gaceta No. 28,765 de fecha 27 de enero de 1999. En el sentido, de declarar que los diputados al Congreso Nacional, ni individualmente, ni formando parte del Poder Legislativo en sesiones o de la Comisión Permanente, son funcionarios

Las sesiones podrán prorrogarse por el tiempo que fuere necesario por resolución del Congreso, a iniciativa de uno o más de sus miembros o a solicitud del Poder Ejecutivo.

Los recesos serán establecidos en la Ley Orgánica del Poder Legislativo[25].

Artículo 190. El Congreso Nacional se reunirá en sesiones extraordinarias:

1. Cuando lo solicite el Poder Ejecutivo.
2. Cuando sea concuerde la mita comisión Permanente.
3. Cuando así lo acuerde la mitad más uno de sus miembros.

En estos casos sólo tratará los asuntos que motivaron el respectivo Decreto de convocatoria.

Artículo 191. Un número de cinco (5) diputados podrá convocar extraordinariamente al Congreso Nacional para sesionar en cualquier lugar de la República, cuando el Ejecutivo, otra autoridad, fuerza mayor o caso fortuito, impidan su instalación o la celebración de sus sesiones.

---

públicos, por cuanto, individual y colectivamente son únicamente titulares de la función legislativa; y por tanto carecen de anexa jurisdicción, entendida ésta como el poder o autoridad que tienen los funcionarios y empleados públicos, individualmente o colectivamente para gobernar y poner en ejercicio la aplicación de las leyes en el orden jurisdiccional y administrativo.

[25] **Artículo 189. Reformado** por Decreto 235-2012 de fecha 23 de enero del 2012, publicado en el Diario Oficial La Gaceta No. 33,033 del 24 de enero del 2013. Ratificado por Decreto 6-2013 del 30 de enero del 2013, publicado en el Diario Oficial La Gaceta No. 30,062 de fecha 2 de febrero del 2013.

Artículo 192. Para la instalación del Congreso Nacional y la celebración de sus sesiones será suficiente la mitad más uno de sus miembros.

Artículo 193. Ni el mismo Congreso, ni otra autoridad del Estado o particulares, podrá impedir la instalación del Congreso, la celebración de las sesiones o decretar su disolución.

La contravención de este precepto constituye delito contra los Poderes del Estado.

Artículo 194. El veintiuno de enero se reunirán los diputados en juntas preparatorias, y con la concurrencia de (5) cinco por lo menos, se organizará la directiva provisional.

Artículo 195. El veintitrés de enero se reunirán los diputados en su última sesión preparatoria para elegir la directiva en propiedad.

El presidente del Congreso Nacional ejercerá sus funciones por un período de (4) cuatro años y será el Presidente de la Comisión Permanente.

El resto de la directiva durará (2) dos años en sus funciones.

Artículo 196. Los diputados serán elegidos por un período de (4) cuatro años, contados desde la fecha en que se instale solemnemente el Congreso Nacional. En caso de falta absoluta de un diputado, terminará su período el suplente llamado por el Congreso Nacional, salvo incapacidad debidamente comprobada.

Artículo 197. Los diputados están obligados a reunirse en Asamblea en las fechas señaladas por esta Constitución, y asistir a todas las sesiones que celebre el Congreso Nacional, salvo incapacidad debidamente comprobada.

Los diputados que, con su inasistencia y abandono injustificado de las sesiones, dieren motivo a que no se forme el quórum, o se desintegre éste, serán expulsados del Congreso y perderán por un período de (10) diez años el derecho de optar a cargos públicos.

Artículo 198. Para ser elegido diputado se requiere:

1. Ser hondureño por nacimiento;
Haber cumplido (21) veintiún años de edad;
3. Estar en el ejercicio de los derechos ciudadanos;
4. Ser del estado seglar; y,
5. Haber nacido en el departamento por el cual se postula o haber residido en él por lo menos los últimos (5) cinco años anteriores a la fecha de convocatoria a elecciones.

Artículo 199. No pueden ser elegidos diputados:

1. El presidente y los designados a la presidencia la República[26];
2. Los magistrados de la Corte Suprema de Justicia;
3. Los secretarios y subsecretarios de Estado;
4. Los jefes militares con jurisdicción nacional;
5. Los titulares de los órganos superiores de dirección, gobierno y administración de las instituciones descentralizadas del Estado;
6. Los militares en servicio activo y los miembros de los cuerpos de seguridad o de cualquier otro cuerpo armando;
7. Los demás funcionarios y empleados públicos del Poder Ejecutivo y del Poder Judicial que determine la ley, excepto

---

[26] **Artículo 199 numeral 1. Reforma tácita.** Conforme a Sentencia de la Corte Suprema de Justicia de fecha n1 de noviembre de 2008 sobre el Recurso de inconstitucionalidad No. 514-592-2008, que declarada con lugar, la derogación parcialmente de los artículos 239 y 240; y manda su redacción de su texto al original de 1082. Dicha Sentencia tiene efectos "Ex nunc" es decir a partir de la fecha.

aquellos que desempeñen cargos docentes y de asistencia de salud [27].

8. Los consejeros del Consejo Nacional Electoral, los magistrados del Tribunal de Justicia Electoral y los comisionados del Registro Nacional de las Personas [28];

9. Procurador y subprocurador general de la República, miembros del Tribunal Superior de Cuentas, fiscal general de la República, y fiscal general Adjunto, procurador del Medio Ambiente, el superintendente de Concesiones y el comisionado Nacional de los Derechos Humanos[29];

10. El cónyuge y los parientes dentro del cuarto grado de consanguinidad y segundo de afinidad de los citados en los numerales 1,2,4,8, y 9 precedentes, y del secretario y subsecretario de Estado en los Despachos de Defensa y Seguridad Pública;

11. El cónyuge y los parientes de los jefes de las regiones militares, comandantes de unidades militares, delegados militares, departamentales o seccionales, delegados de los cuerpos de seguridad o de otro cuerpo armado, dentro del cuarto grado de

---

[27] **Artículo 199 numeral 7. Interpretado.** En el sentido de que dicho numeral únicamente resulta aplicable a los funcionarios y empleados públicos que administran recursos económicos de acuerdo al presupuesto de la Institución en que labora, y a los que de manera expresa la ley que regula la institución en la cual se desempeñan señale dicha incompatibilidad. Excepto aquellos que desempeñen cargos docentes y de asistencia de salud. Decreto No. 35-2021 de fecha 25 de mayo de 2021 y publicada en el Diario Oficial La Gaceta No. 35,610 del 26 de mayo del 2021.

[28] **Artículos No. 199 numeral 8).** Reformados por Decreto No. 200-2018, de fecha 24 de enero del 2019 y publicado en el Diario Oficial La Gaceta No. 34,856 de fecha 28 de enero del 2019. Ratificado por Decreto No.2-2019 de fecha 29 de enero del 2o19 y publicado en el Diario Oficial La Gaceta No.34,864 de fecha 6 de febrero del 2019.

[29] **Artículo 199 numeral 9. Reformado** por Decreto 268-2002 del 17 de enero del 2002 y publicado en el Diario Oficial La Gaceta No.29,691 de 25 de enero del 2002. Ratificado por Decreto No. 2-2002 del 25 de enero del 2002 y publicado en el Diario Oficial La Gaceta No. 29,800 del 6 de junio del 2002.

consanguinidad y segundo de afinidad, cuando fueren candidatos por el departamento donde aquéllos ejerzan jurisdicción;

12. Los concesionarios del Estado para la explotación de riquezas naturales o contratistas de servicios u obras públicas que se costeen con fondos del Estado y quienes, por tales conceptos, tengan cuentas pendientes con éste; y,

13. Los deudores morosos de la Hacienda Pública.

Estas incompatibilidades e inhabilidades afectarán a quienes desempeñen los cargos indicados dentro de los seis (6) meses anteriores a la fecha de la elección.

Artículo 200. Numerales 1), 2) 3) 4) y 5). Derogados[30].

Artículo 201. Los edificios e instalaciones del Congreso Nacional son inviolables. Corresponde al presidente de la directiva, o de su Comisión Permanente autorizar el ingreso de miembros de la fuerza pública cuando las circunstancias lo exigieren.

Artículo 202. El Congreso Nacional estará integrado por un número fijo de ciento veinte y ocho (128) diputados propietarios y sus respectivos suplentes, los cuales serán elegidos de acuerdo con la Constitución y la Ley.

Los diputados serán representantes del pueblo, su distribución departamental se hará con base al cociente que señale el Consejo

---

[30] **Artículo 200 numerales 1, 2, 3, 4 y 5. Derogados por Decreto** No. 175-2003 de fecha 28 de octubre del 2003 y publicado en el Diario Oficial La Gaceta No. 30,269 de fecha 19 de diciembre del 2003. Ratificados por Decreto 105-2004 de fecha 27 de julio del 2004, publicado en el Diario Oficial La Gaceta No. 30,492 de fecha 11 de septiembre de 2004.

Nacional Electoral, de acuerdo con la Ley Electoral y de las Organizaciones Políticas (Ley Electoral)[31].

En aquellos Departamentos que tuvieren una población menor al cociente señalado por el Consejo Nacional Electoral se elegirá un diputado propietario y su respectivo Suplente.

Artículo 203. Los diputados en ejercicio no podrán desempeñar sus cargos públicos remunerados durante el tiempo por el cual han sido elegidos, excepto los de carácter docente, cultural y los relacionados con los servicios profesionales de asistencia social.

No obstante, podrán desempeñar los cargos de secretarios o subsecretarios de Estado, presidentes, o gerentes de entidades descentralizadas, jefe de misión diplomática, consular, o desempeñar misiones diplomáticas Ad-hoc. En estos casos se reincorporarán al Congreso Nacional al cesar en sus funciones.

Los suplentes pueden desempeñar empleos o cargos público sin que su aceptación y ejercicio produzca la pérdida de la calidad de tales.

Artículo 204. Ningún diputado podrá tener en arrendamiento, directa o indirectamente, bienes del Estado u obtener de éste contratos o concesiones de ninguna clase. Los actos de contravención a esta disposición producirán nulidad absoluta de pleno derecho.

---

[31] **35 Artículo 202 párrafo 2 y 3. Reformado por Decreto No. 200-2018, de fecha 24 de enero del 2019 y publicado en el Diario Oficial La Gaceta No.** 34,856 el 28 de enero de 2019 y ratificado por Decreto No. 2-2019 de fecha 29 de enero del 2019 y publicado en el Diario Oficial La Gaceta No.34,864 el 6 de febrero de 2019. En este Decreto, los párrafos 2 y 3 de ese artículo se fusionan y se crea un tercero.

Artículo 205. Corresponden al Congreso Nacional las atribuciones siguientes:

1. Crear, decretar, interpretar, reformar y derogar las leyes;
2. Convocar, suspender y cerrar sus sesiones;
3. Emitir su Ley Orgánica del Poder Legislativo y aplicar las sanciones que en ella se establezcan para quienes lo infrinjan[32];
4. Convocar a sesiones extraordinarias de acuerdo con esta Constitución;
5. Incorporar a sus miembros con vista de las credenciales y recibir les la promesa constitucional;
6. Llamar a los diputados suplentes en caso de falta absoluta, temporal o de legítimo impedimento de los propietarios o cuando éstos se rehúsen a asistir;
7. Hacer el escrutinio de votos y declarar la elección del presidente, designados a la Presidencia; y diputados al Congreso Nacional y al Parlamento Centroamericano y de los miembros de las Corporaciones Municipales, cuando el Consejo Nacional Electoral no lo hubiere hecho.
8. Aceptar o no la renuncia de los diputados por causa justificada;
9. Elegir para el período que corresponda y de la nómina de candidatos que le proponga la Junta Nominadora a que se refiere esta Constitución, los magistrados de la Corte Suprema de Justicia[33].
10. Interpretar la Constitución de la República en sesiones ordinarias, en una sola legislatura, con dos tercios (2/3) de votos de la totalidad de sus miembros. Por este procedimiento no podrán interpretarse los artículos 373 y 374 Constitucionales.

---

[32] **Artículo 205 numeral 3. Reformado** por Decreto 235-2012 de fecha 23 de enero del 2012, publicado en el Diario Oficial La Gaceta No. 33,033 del 24 de enero del 2013. Ratificado por Decreto 6-2013 del 30 de enero del 2013, publicado en el Diario Oficial La Gaceta No. 30,062 de fecha 27 de febrero del 2013.

[33] **Artículo 205 numeral 9.** Reformado por Decreto 262-2000 del z2 de diciembre del 2000 y publicado en el Diario Oficial La Gaceta No. 29,414 del 26 de febrero del 2000. Ratificado por Decreto No. 38-2001 del 16 de diciembre del 2001 y publicado en el Diario Oficial La Gaceta No. 28,489 del 29 de mayo del 2001.

11. Hacer la elección de los miembros del Tribunal Superior de Cuentas, procurador y subprocurador General de la República, consejeros del Consejo Nacional Electoral y magistrados del Tribunal de Justicia Electoral, fiscal general de la República y fiscal general adjunto, comisionado Nacional de los Derechos Humanos, superintendente de Concesiones, comisionados del Registro Nacional de las Personas;

12. Recibir la promesa constitucional al presidente y designados a la presidencia la República, declarados elegidos, y a los demás funcionarios que elija; concederles licencia y admitirles o no su renuncia y llenar las vacantes en caso de falta absoluta de alguno de ellos [40];

13. Conceder o negar permiso al presidente de la República para que puedan ausentarse del país por más de quince (15) días[40];

14. Cambiar la residencia de los Poderes del Estado por causas graves;

15. Realizar el Juicio Político de acuerdo al procedimiento establecido en la Ley Especial de Juicio Político, a los servidores públicos y por las causas establecidas en el artículo 234 de esta Constitución;

16. Conceder amnistía por delitos políticos y comunes conexos; fuera de este caso el Congreso Nacional no podrá dictar resoluciones por vía de gracia;

17. Conceder o negar permiso a los hondureños para aceptar cargos o condecoraciones de otro Estado;

18. Decretar premios y conceder privilegios temporales a los autores o inventores y a los que hayan introducido nuevas industrias o perfeccionado las existentes de utilidad general;

19. Aprobar o improbar los contratos que lleven involucradas exenciones, incentivos y concesiones fiscales, o cualquier otro contrato que haya de producir o prolongar sus efectos al siguiente período
de gobierno de la República,

20. Aprobar o improbar la conducta administrativa de los altos funcionarios del Poder Ejecutivo, Poder Judicial y del Consejo Nacional Electoral, Tribunal Superior de Cuentas, Procuraduría General de la República, Ministerio Público, Comisionado Nacional de los Derechos Humanos, Registro Nacional de las

Personas, Instituciones Descentralizadas y todas las autoridades que en base a la constitución de la República y la Ley le corresponde elegir al Congreso Nacional, así como los demás Órganos Auxiliares y Especiales del Estado;

21. Nombrar comisiones especiales para la investigación de asuntos de interés nacional. La comparecencia a requerimiento de dichas comisiones será obligatoria bajo los mismos apremios que se observan en el procedimiento judicial;

22. Interpelar a los secretarios de Estado y a otros funcionarios del gobierno central, organismos descentralizados, empresas estatales y cualquiera otra entidad en que tenga interés el Estado, sobre asuntos relativos a la administración pública;

23. Decretar la restricción o suspensión de derechos de conformidad con lo prescrito en la Constitución y ratificar, modificar o improbar la restricción o suspensión que hubiere dictado el Poder Ejecutivo de acuerdo con la Ley;

24. Conferir los grados de mayor a general de división, a propuesta del comandante en jefe de las Fuerzas Armadas, por iniciativa del presidente de la República;

25. Fijar el número de miembros permanentes de las Fuerzas Armadas;

26. Autorizar o negar el tránsito de tropas extranjeras por el territorio del país;

27. Autorizar al Poder Ejecutivo la salida de tropas de las Fuerzas Armadas para prestar servicios en territorio extranjero, de conformidad con tratados y convenciones internacionales;

28. Declarar la guerra y hacer la paz;

29. Autorizar la recepción de misiones militares extranjeras de asistencia o cooperación técnica en Honduras;

30. Aprobar o improbar los tratados internacionales que el Poder Ejecutivo haya celebrado;

31. Crear o suprimir empleos y decretar honores y pensiones por relevantes servicios prestados a la patria;

32. Aprobar anualmente el Presupuesto General de Ingresos y Egresos tomando como base el proyecto que remite el Podes Ejecutivo, debidamente desglosado y resolver sobre su modificación;
sobre su modificación;

33. Aprobar anualmente los presupuestos debidamente desglosados de Ingresos y Egresos de las Instituciones descentralizadas;

34. Decretar el peso, ley y tipo de la moneda nacional y el patrón de pesas y medidas.

35. Establecer impuestos y contribuciones, así como las cargas públicas;

36. Aprobar o improbar los empréstitos o convenios similares que se relacionan con el crédito público, celebrados por el Poder Ejecutivo; Para efectuar la contratación de empréstitos en el extranjero o de aquellos que, aunque convenidos en el país hayan de ser financiados con capital extranjero, es preciso que el respectivo proyecto sea aprobado por el Congreso Nacional;

37. Establecer mediante una ley los casos en que proceda el otorgamiento de susidios y subvenciones con fines de utilidad pública o como instrumento de desarrollo económico y social;

38. Aprobar o improbar la liquidación del Presupuesto General de Ingresos y Egresos de la República y de los presupuestos de las instituciones descentralizadas y desconcentradas[45].

El Tribunal Superior de Cuentas deberá pronunciarse sobre esas liquidaciones y resumir su visión sobre la eficiencia y eficacia de la gestión del sector público, la que incluirá la evaluación del gasto, organización, desempeño, de gestión y fiabilidad del control de las auditorías internas, el plan contable y su aplicación;

39. Reglamentar el pago de la deuda nacional, a iniciativa del Poder Ejecutivo;

40. Ejercer el control de las rentas públicas;

41. Autorizar al Poder Ejecutivo para enajenar bienes nacionales o su aplicación a uso público;

42. Autorizar puertos; crear y suprimir aduanas y zonas libres a iniciativa del Poder Ejecutivo;

43. Reglamentar el comercio marítimo, terrestre y aéreo;

44. Establecer los símbolos nacionales; y,

45. Ejercer las demás atribuciones que le señale esta Constitución y las leyes.

Artículo 206. Las facultades del Poder Legislativo son indelegables excepto la de recibir la promesa constitucional a los altos funcionarios del Gobierno, de acuerdo con esta Constitución.

Artículo 207. La directiva del Congreso Nacional antes de clausurar sus sesiones, designará de su seno, nueve (9) miembros propietarios y sus respectivos suplentes quienes formarán la Comisión
Permanente en receso del Congreso Nacional.

Artículo 208. Son atribuciones de la Comisión Permanente:
1. Emitir su Reglamento Interior;
2. Emitir dictamen y llenar los otros trámites en los negocios que hubieren quedado pendientes, para que puedan ser considerados en la subsiguiente legislatura;
3. Preparar para someter a la consideración del Congreso Nacional los proyectos de reformas a las leyes que a su juicio demanden las necesidades del país;
4. Recibir del Poder Ejecutivo los decretos emitidos en los últimos (10) diez días de sesiones del Congreso Nacional, debidamente sancionados;
5. Recibir las denuncias de violación a esta Constitución;
6. Mantener bajo su custodia y responsabilidad el archivo del Congreso Nacional:
7. Publicar una edición de todos los decretos y resoluciones emitidos por el Congreso Nacional en sus anteriores sesiones, dentro de los tres (3) meses siguientes a la clausura del mismo;
8. Convocar al Congreso Nacional a sesiones extraordinarias a excitativa del Poder Ejecutivo o cuando la exigencia del caso lo requiera;
9. Recibir del Poder Ejecutivo la documentación e información relativa a Convenios económicos, operaciones crediticias o empréstitos que dicho Poder proyecte celebrar, autorizar o contratar a efecto de informar circunstanciadamente al Congreso Nacional en sus sesiones próximas;
10. Presentar al Congreso Nacional un informe detallado de sus trabajos durante el período de su gestión;

11. Elegir interinamente, en caso de falta absoluta, los sustitutos de los funcionarios que deben ser designados por el Congreso Nacional;

12. Llamar a integrar a otros diputados por falta de los miembros de la Comisión;

13. Conceder o negar permiso al presidente y designados a la Presidencia de la República por más de quince (15) días para ausentarse del país.

14. Nombrar las comisiones especiales que sea necesario, integradas por miembros del Congreso Nacional; y,

15. Las demás que confiere la Constitución.

Artículo 209. Créase la Pagaduría Especial del Poder Legislativo, la que atenderá el pago de todos los gastos del ramo.

Artículo 210. La Pagaduría Especial del Poder Legislativo estará bajo la dependencia inmediata de la Directiva del Congreso Nacional, o en su caso de la Comisión Permanente.

Corresponde a la directiva del Congreso Nacional el nombramiento del pagador, quien deberá rendir caución de conformidad con la Ley.

Artículo 211. El Poder Ejecutivo incluirá en el Presupuesto General de Egresos e Ingresos de la República, los fondos presupuestados por el Poder Legislativo para su funcionamiento.

Artículo 212. La Tesorería General de la República acreditará por trimestres anticipados los fondos necesarios para atender los gastos del Congreso Nacional.

CAPÍTULO II
DE LA FORMACIÓN, SANCIÓN Y PROMULGACIÓN DE LA LEY

Artículo 213. Tienen exclusivamente la iniciativa de Ley los Diputados al Congreso Nacional, el presidente de la República, los secretarios de Estado; así como la Corte Suprema de Justicia y el Consejo Nacional Electoral en los asuntos de su competencia y un número de al menos tres mil (3,000) ciudadanos bajo el mecanismo de iniciativa ciudadana[34].

Artículo 214. Ningún Proyecto de Ley será definitivamente votado sino después de tres (3) debates efectuados en distintos días, salvo el caso de urgencia calificada por simple mayoría de los diputados presentes.

Artículo 215. Todo proyecto de ley, al aprobarse por el Congreso Nacional, se pasará al Poder Ejecutivo, a más tardar dentro de (3) tres días de haber sido votado, a fin de que éste le dé su sanción en su caso y lo haga promulgar como Ley.

La sanción de ley se hará con esta Fórmula: *Por tanto, Ejecútese.*

Artículo 216. Si el Poder Ejecutivo encontrare inconvenientes para sancionar el Proyecto de Ley, lo devolverá al Congreso Nacional dentro de (10) diez días, con esta fórmula; Vuelva al Congreso, exponiendo las razones en que funda su desacuerdo.

Si en el término expresado no lo objetare, se tendrá como sancionado y lo promulgará como ley.

---

[34] **Artículo 213. Reformado por Decreto** 275-2010 de fecha 13 de enero de 2011 y publicado en el Diario Oficial La Gaceta No. 32,425 de fecha 25 de enero del 201. Ratificado por Decreto 3-2o11 de fecha 17 de febrero de 2on y publicado en el Diario Oficial La Gaceta No. 32,46o de fecha de marzo del 2011.

Cuando el Ejecutivo devolviere el Proyecto, el Congreso Nacional lo someterá a nueva deliberación, y si fuere ratificado por dos tercios (2/3) de votos, lo pasará de nuevo al Poder Ejecutivo, con esta
fórmula: Ratificado Constitucionalmente y, éste lo publicará sin tardanza.

Si el veto se fundare en que el proyecto de ley es inconstitucional, no podrá someterse a una nueva deliberación sin oír previamente a la Corte Suprema de Justicia; ésta emitirá su dictamen en el término que el Congreso Nacional le señale.

Artículo 217. Cuando el Congreso Nacional vote un Proyecto de Ley al terminar sus sesiones y el Ejecutivo crea inconveniente sancionarlo, está obligado a darle aviso inmediatamente para que permanezca reunido hasta (10) diez días, contados desde la fecha en que el Congreso recibió el proyecto, y no haciéndolo, deberá remitir éste, en los (8) ocho primeros días de las sesiones del Congreso sub-siguiente.

Artículo 218. No será necesaria la sanción, ni el Poder Ejecutivo podrá poner el veto en los casos y resoluciones siguientes:
1. En las elecciones que el Congreso Nacional haga o declare, o en las renuncias que admita o rechace;
2. En las declaraciones de haber o no lugar a formación de causa;
3. En los decretos que se refieren a la conducta del Poder Ejecutivo;
4. En los reglamentos que expida para su régimen interior;
5. En los decretos que apruebe para trasladar su sede a otro lugar del territorio de Honduras temporalmente o para suspender sus sesiones o para convocar a sesiones extraordinarias;
6. En la Ley de Presupuesto;
7. En los tratados o contratos que impruebe el Congreso Nacional;
8. En las reformas que se decreten a la Constitución de la República; y,

9. En las interpretaciones que se decreten a la Constitución de la República por el Congreso Nacional.

En estos casos el Ejecutivo promulgará la ley con esta fórmula: «Por tanto, publíquese».

Artículo 219. Siempre que un proyecto de ley, que no proceda de iniciativa de la Corte Suprema de Justicia, tenga por objeto reformar o derogar cualquiera de las disposiciones contenidas en los códigos de la República, no podrá discutirse sin oír la opinión de aquel tribunal.

La Corte emitirá su informe en el término que el Congreso Nacional le señale.

Esta disposición no comprende las leyes de orden político, económico y administrativo.

Artículo 220. Ningún proyecto de Ley desechado total o parcialmente podrá discutirse de nuevo en la misma legislatura.

Artículo 221. La Ley es obligatoria en virtud de su promulgación y después de haber transcurrido (20) veinte días de terminada su publicación en el diario oficial La Gaceta. Podrá, sin embargo, restringirse o ampliarse en la misma ley el plazo de que trata este artículo y ordenarse, en casos especiales, otra forma de promulgación.

CAPÍTULO III
DEL TRIBUNAL SUPERIOR DE CUENTAS

Artículo 222. El Tribunal Superior de Cuentas es el ente rector del sistema de control de los recursos públicos, con autonomía funcional y administrativa de los Poderes del Estado, sometido solamente al cumplimiento de la Constitución y las leyes, será responsable ante el Congreso Nacional de los Actos ejecutados en el ejercicio de sus funciones.

El Tribunal Superior de Cuentas tiene como función la fiscalización a posteriori de los fondos, bienes y recursos administrados por los Poderes del Estado, instituciones descentralizadas y desconcentradas, incluyendo los bancos estatales o mixtos, la Comisión Nacional de Bancos y Seguros, las municipalidades y de cualquier otro órgano especial o ente público o privado que reciba o administre recursos públicos de fuentes internas o externas.

En el cumplimiento de su función deberá realizar el control financiero, de gestión y de resultados, fundados en la eficiencia y eficacia, economía, equidad, veracidad y legalidad. Le corresponde, además, el establecimiento de un sistema de transparencia en la gestión de los servidores públicos, la determinación del enriquecimiento ilícito y el control de los activos, pasivos y, en general, del patrimonio del Estado, Para cumplir con su función el Tribunal Superior de Cuentas tendrá las atribuciones que determine su Ley Orgánica.

Artículo 223. El Tribunal Superior de Cuentas estará integrado por tres (3) miembros elegidos por el Congreso Nacional, con el voto favorable de las dos terceras (2/3) partes del total de los diputados.

Los miembros de Tribunal Superior de Cuentas serán electos por un período de siete (7) años y no podrán ser reelectos.

Corresponderá al Congreso Nacional la elección del presidente del Tribunal Superior de Cuentas.

Artículo 224. Para ser Miembro del Tribunal Superior de Cuentas, se requiere52.
1. Ser hondureño por nacimiento;
2. Ser mayor de treinta y cinco (35) años;
3. Ser ciudadano en el ejercicio de sus derechos;

1. Ser de reconocida honradez y de notoria buena conducta; y,
3. Poseer título universitario en las áreas de las ciencias económicas, administrativas, jurídicas o financieras.

Artículo 225. Se presume enriquecimiento ilícito, cuando el aumento del capital del funcionario o empleado público, desde la fecha en que haya tomado posesión de su cargo, hasta aquella en que haya cesado en sus funciones, fuere notablemente superar al que normalmente hubiere podido obtener en virtud de los sueldos y emolumentos que haya percibido legalmente, y de los incrementos de su capital o de sus ingresos por cualquier otra causa lícita.

Igualmente se presumirá enriquecimiento ilícito cuando el servidor público no autorizare la investigación de sus depósitos bancarios o negocios en el país o en el extranjero.

Para determinar el aumento a que se refiere el párrafo primero de este artículo, se considerarán en conjunto el capital y los ingresos del funcionario o empleado, el de su cónyuge y el de sus hijos.

La declaración de bienes de los funcionarios y empleados públicos se hará de conformidad con la Ley.

Cuando fuere absuelto el servidor público tendrá derecho a reasumir su cargo.

Artículo 226. El Tribunal Superior de Cuentas deberá rendir al Congreso Nacional, por medio de su presidente, dentro de los primeros cuarenta (40) días de finalizado el año económico, el informe anual de su gestión.

Artículo 227. Todos los aspectos relacionados con la organización y funcionamiento del Tribunal Superior de Cuentas y sus dependencias serán determinados por su Ley Orgánica.

CAPÍTULO IV
DE LA PROCURADURÍA GENERAL DE LA REPÚBLICA

Artículo 228. La Procuraduría General de la República tiene la representación legal del Estado, su organización y funcionamiento serán determinados por la Ley.

Artículo 229. El procurador y subprocurador General de la República serán elegidos por el Congreso Nacional por cuatro (4) años, y no podrán ser reelegidos para un período subsiguiente, deberán reunir las mismas condiciones y tendrán las mismas prerrogativas e inhabilidades establecidas en esta Constitución para los magistrados de la Corte Suprema de Justicia.

Artículo 230. Las acciones civiles que resultaren de las intervenciones fiscalizadoras del Tribunal Superior Cuentas serán ejercidas por el procurador General de la República, excepto las relacionadas con las municipalidades que quedarán a cargo de los funcionarios que las leyes indiquen y, en su defecto, por la Procuraduría General de la República.

Artículo 231. El Estado asignará los fondos que sean necesarios para la adecuada organización y funcionamiento de la Procuraduría General de la República.

Todos los organismos de la Administración Pública colaborarán con el procurador General de la República en el cumplimiento de sus atribuciones en la forma que la ley determine.

CAPÍTULO V
SECCIÓN I DEL MINISTERIO PÚBLICO

Artículo 232. El Ministerio Público es el organismo profesional especializado, responsable de la representación, defensa y protección de los intereses de la sociedad independiente funcionalmente de los poderes del estado y libre de toda injerencia político sectario. El Ministerio Público goza de autonomía administrativa, técnica, financiera y presupuestaria, al efecto en el presupuesto general de Ingresos y Egresos de la República, tendrá una asignación anual de manera gradual hasta completar el tres por ciento (35) de los ingresos corrientes.

El Poder Ejecutivo acreditará trimestralmente anticipados, las partidas presupuestarias correspondientes. Corresponde al Ministerio Público el ejercicio oficioso de la acción penal pública. En los asuntos de su competencia será ejercitada por la Procuraduría General de la República y a las acciones que correspondan en su caso a los particulares. Asimismo, tiene el Ministerio Público la coordinación, dirección técnica y jurídica de la investigación criminal y forense.

Artículo 233. La titularidad del Ministerio Público corresponde al fiscal general de la República; habrá, asimismo, un fiscal general adjunto, quien sustituirá al titular en caso de ausencias, excusa o recusación. Estos funcionarios serán electos por el Congreso Nacional para un período de cinco (5) años, con el voto favorable de por lo menos dos terceras (2/3) partes de sus integrantes, de una nómina de cinco (5) candidatos seleccionados por una Junta proponente, integrada en los términos que dispone la Ley.

Para ser fiscal general de la República y fiscal general adjunto se requieren los requisitos siguientes: 1) Ser hondureño u hondureña por nacimiento; 2) Ciudadano o ciudadana en el goce de sus derechos: 3) Abogado o Abogada debidamente colegiado, con experiencia profesional distinguida mayor de diez (10) años o haberse desempeñado como juez o en el área penal por lo menos durante diez (10) años; 4) Mayor de cuarenta (40) años; y, 5) De conducta y solvencia moral debidamente comprobada.

SECCIÓN II
DEL JUICIO POLÍTICO

Artículo 234. Procede el Juicio Político contra el presidente de la República y designados presidenciales, magistrados de la Corte Suprema de Justicia, diputados del Congreso Nacional y Parlamento Centroamericano, Corporaciones Municipales, y todos los servidores públicos electos por el Congreso Nacional, cuando en su contra exista denuncia grave en el desempeño en su cargo, por realizar actuaciones contrarias a la Constitución de la República o el interés nacional y por manifiesta negligencia, incapacidad o incompetencia para el desempeño del cargo. Sin perjuicio de la responsabilidad administrativa, civil y penal, la destitución del cargo será la única consecuencia derivada de la responsabilidad decretada mediante un juicio político. Cuando la denuncia fuere contra el presidente de la República, la tramitación del proceso de enjuiciamiento y su destitución debe ser aprobada por las tres cuartas (3/4) partes de la totalidad de los diputados, en los demás casos será por dos (2/3) tercios de la cámara.

El presidente de la República sólo puede ser destituido de su cargo por el Congreso Nacional mediante Juicio Político.

La implementación del Juicio Político y sus efectos no son sujetos de control jurisdiccional y el Decreto que al efecto se emita no requiere sanción del Poder Ejecutivo.

El Juicio Político consta de dos (2) etapas: la Etapa investigativa que durará lo establecido en la Ley Especial que al efecto se emita y la etapa de discusión y votación, que durará hasta cinco (5) días, contados desde la presentación del informe al Pleno por parte de la Comisión Especial.

CAPÍTULO VI
DEL PODER EJECUTIVO

Artículo 235. La titularidad del Poder Ejecutivo la ejerce en representación y para beneficio del pueblo el presidente, y, en su defecto, los designados a la presidencia de la República.

Artículo 236. El presidente y tres (3) designados a la presidencia de la República serán elegidos conjunta y directamente por el pueblo por simple mayoría de votos. La elección será declarada por el Consejo Nacional Electoral, y en su defecto, por el Congreso Nacional o por la Corte Suprema de Justicia en su caso.

Artículo 237. El período presidencial será de (4) cuatro años y empezará el veintisiete de enero siguiente a la fecha en que se realizó la elección.

Artículo 238. Para ser presidente o designado a la República se requiere.

1. Ser hondureño por nacimiento;
2. Ser mayor de (30) treinta años;
3. Estar en el goce de sus derechos ciudadanos; y,
4. Ser del estado seglar.

Artículo 239. El ciudadano que haya desempeñado la titularidad del Poder Ejecutivo no podrá ser presidente o designado.

El que quebrante esta disposición o proponga su reforma, así como aquellos que lo apoyen directa o indirectamente, cesarán de inmediato en el desempeño de sus respectivos cargos, y quedarán inhabilitados por (10) diez años para el ejercicio de toda función pública.

Artículo 240. No pueden ser elegidos presidente:

1. Los designados a la presidencia de la República; secretarios y subsecretarios de Estado, consejeros del Consejo Nacional Electoral, magistrados del Tribunal de Justicia Electoral, magistrados y jueces del Poder Judicial, presidentes, vicepresidentes, gerentes, subgerentes, directores, subdirectores, secretarios ejecutivos de Instituciones Descentralizadas; procurador y subprocurador general de la República; magistrados del Tribunal Superior de Cuentas; que hayan ejercido funciones durante los seis (6) meses anteriores a la fecha de la elección del presidente de la República;
2. Los oficiales jefes y oficiales generales de las Fuerzas Armadas;
3. Los jefes superiores de las Fuerzas Armadas y cuerpos de Policía o de Seguridad del Estado;
4. Los militares en servicio activo y los miembros de cualquier otro cuerpo armado que hayan ejercido sus funciones durante los últimos doce (12) meses anteriores a la fecha de la elección;
5. El cónyuge y los parientes dentro del cuarto grado de consanguinidad o segundo de afinidad del presidente y de los designados, que hubieren ejercido la Presidencia en el año precedente a la elección; y,
6. Los representantes o apoderados de empresas concesionarias del Estado, los concesionarios del Estado para la explotación de riquezas naturales o contratistas de servicios y obras públicas que se costeen con fondos nacionales, y quienes por tales conceptos tengan cuentas pendientes con el Estado.

Artículo 241. El presidente de la República, o quien ejerza sus funciones, no podrá ausentarse del territorio nacional por más de quince (15) días sin permiso del Congreso Nacional o de su Comisión Permanente.

Artículo 242. En las ausencias temporales del presidente de la República lo sustituirá en sus funciones uno (1) de los designados. Si la falta del presidente fuera absoluta, el designado que el Congreso Nacional que a su efecto elija, ejercerá la titularidad del

88

poder ejecutivo por el tiempo que falte para terminar el período constitucional.

Pero si también faltare de modo absoluto los tres (3) designados, el poder Ejecutivo será ejercido por el presidente del Congreso Nacional y, a falta de este, por el presidente de la Corte Suprema de Justicia, por el tiempo que faltaré para terminar el período constitucional.

Si la elección del presidente y designados no estuviere declarada un día antes del veintisiete de enero, el Poder Ejecutivo será ejercido excepcionalmente por el Consejo de secretarios de Estado presidido por el secretario de Estado en los Despachos de Gobernación, Justicia y Descentralización.

El Consejo de Secretarios de Estado deberá convocar a elecciones de autoridades supremas dentro de los quince (15) días siguientes a dicha fecha.

Estas elecciones se practicarán en un plazo no menor de cuatro (4) ni mayor de seis (6) meses, contados desde la fecha de la convocatoria.

Celebradas las elecciones, el Consejo Nacional Electoral o en su defecto el Congreso Nacional o la Corte Suprema de Justicia en su caso, hará la declaratoria correspondiente, dentro de los veinte (20) días siguientes a la fecha de la elección y los elegidos tomarán inmediatamente posesión de sus cargos hasta completar el período constitucional correspondiente.

Mientras las nuevas autoridades supremas elegidas toman posesión de sus respectivos cargos, deberán continuar interinamente en el desempeño de sus funciones, los diputados al Congreso Nacional, los magistrados de la Corte Suprema de Justicia y las Corporaciones Municipales del período que concluye.

Artículo 243. Si al iniciar el período constitucional para el cual ha sido electo, el presidente no se presentare, por mientras éste se presenta, ejercerá el Poder Ejecutivo el designado a la presidencia electo por el Congreso.

Artículo 244. La promesa de ley del presidente y designados de la República será presentada ante el presidente del Congreso Nacional, si este estuviere reunido, y, en su defecto ante el presidente de la Corte Suprema de Justicia.

En caso de no poder presentarla ante los funcionarios antes mencionados podrá hacerlo ante cualquier juez de Letras o de Paz de la República.

Artículo 245. El presidente de la República tiene a su cargo la Administración General del Estado, son sus atribuciones:
1. Cumplir y hacer cumplir la Constitución, los tratados y convenciones, leyes y demás disposiciones legales;
2. Dirigir la política general del Estado y representarlo;
3. Mantener incólume la independencia y el honor de la República, la integridad e inviolabilidad del territorio nacional;
4. Mantener la paz y seguridad interior de la República y repeler todo ataque o agresión exterior;
5. Nombrar y separar libremente a los secretarios y subsecretarios de Estado, y a los demás funcionarios y empleados cuyo nombramiento no este atribuido a otras autoridades;
6. Excitar al Congreso Nacional a sesiones extraordinarias por medio de la Comisión Permanente o proponerle la prórroga de las ordinarias;
7. Restringir o suspender el ejercicio de derechos, de acuerdo con el Consejo de Ministros, con sujeción a lo establecido en esta Constitución;
8. Dirigir mensajes al Congreso Nacional en cualquier época, y obligatoriamente en forma personal y por escrito al instalarse cada legislatura ordinaria;
9. Participar en la formación de las leyes presentando proyectos al Congreso Nacional por medio de los secretarios de Estado;

10. Dar a los Poderes Legislativo, Judicial y Tribunal Supremo Electoral, los auxilios y fuerzas que necesiten para hacer efectivas sus resoluciones;

11. Emitir acuerdos y decretos y expedir reglamentos y resoluciones conforme a la ley;

12. Dirigir la política y las relaciones internacionales;

13. Celebrar tratados y convenios, ratificar, previa aprobación del Congreso Nacional, los Tratados Internacionales de carácter político, militar, los relativos al territorio nacional, soberanía y concesiones, los que impliquen obligaciones financieras para la Hacienda Pública o los que requieran modificación o derogación de alguna disposición constitucional o legal y los que necesiten medidas legislativas para su ejecución;

14. Nombrar los jefes de misión diplomática y consular de conformidad con la ley del Servicio Exterior que se emita, quienes deberán ser hondureños por nacimiento, excepto si se trata de un cargo a honorem o de representaciones conjuntarlo de Honduras con otros Estados;

15. Recibir a los jefes de misiones diplomáticas extranjeras, a los representantes de organizaciones internacionales; expedir y retirar el Exequátur a los cónsules de otros estados;

16. Ejercer el mando en jefe de las Fuerzas Armadas en su carácter de comandante general, y adoptar las medidas necesarias para la defensa de la República;

17. Declarar la guerra y hacer la paz en receso del Congreso Nacional, el cual deberá ser convocado inmediatamente;

18. Velar en general, por la conducta oficial de los funcionarios y empleados públicos para la seguridad y prestigio del gobierno y del Estado;

19. Administrar la Hacienda Pública;

20. Dictar medidas extraordinarias en materia económica y financiera cuando así lo requiera el interés nacional, debiendo dar cuenta al Congreso Nacional;

21. Negociar empréstitos, efectuar su contratación previa aprobación del Congreso Nacional cuando corresponda;

22. Formular el Plan Nacional de Desarrollo, discutirlo en Consejo de Ministros, someterlo a la aprobación del Congreso Nacional, dirigirlo y ejecutarlo;

23. Regular las tarifas arancelarias de conformidad con la ley;

24. Indultar v conmutar las penas conforme a la ley;

25. Conferir condecoraciones conforme a la ley;

26. Hacer que se recauden las rentas del Estado y reglamentar su inversión con arreglo a la ley;

27. Publicar trimestralmente el estado de Ingresos y Egresos de la Renta Pública;

28. Organizar, dirigir, orientar y fomentar la educación pública, erradicar el analfabetismo, difundir y perfeccionar la educación técnica;

29. Adoptar las medidas de promoción, prevención, recuperación y rehabilitación de la salud de los habitantes;

30. Dirigir la política económica y financiera del Estado;

31. Ejercer vigilancia y control de las instituciones bancarias, aseguradoras y financieras por medio de la Comisión Nacional de Bancos y Seguros, cuya integración y funcionamiento se regirá en virtud de una ley especial y nombrar los presidentes y cie presidentes de los bancos del Estado conforme a la ley;

32. Dictar todas las medidas y disposiciones que estén a su alcance para promover la rápida ejecución de la Reforma Agraria y el desarrollo de la producción y la productividad en el agro;

33. Sancionar, vetar, promulgar y publicar las leyes que apruebe el Congreso Nacional;

34. Dirigir y apoyar la política de Integración Económica y Social, tanto nacional como internacional, tendiente al mejoramiento de las condiciones de vida del pueblo hondureño;

35. Crear, mantener y suprimir servicios públicos y tomar medidas que sean necesarias para el buen funcionamiento de estos.

36. Conferir grados militares desde subteniente hasta capitán inclusive;

37. Velar porque las Fuerzas Armadas sean apolíticas, esencialmente profesionales, obedientes y no deliberantes;

38. Conceder y cancelar cartas de naturalización, autorizadas por el Poder Ejecutivo, conforme a la ley;

39. Conceder pensiones, gratificaciones y aguinaldos, de acuerdo con la ley;

40. Conceder personalidad jurídica a las asociaciones civiles de conformidad con la ley;

41. Velar por la armonía entre el capital y el trabajo;

42. Revisar y fijar el salario mínimo de conformidad con la ley;

43. Permitir o negar, previa autorización del Congreso Nacional, el tránsito por el territorio de Honduras, de tropas de otro país;

44. Permitir, previa autorización del Congreso Nacional, la salida de tropas hondureñas a prestar servicios en territorio extranjero, de conformidad con los tratados y convenciones internacionales para operaciones sobre el mantenimiento de la paz; y,

45. Las demás que le confiere la Constitución y las leyes.

CAPÍTULO VII
DE LAS SECRETARÍAS DE ESTADO

Artículo 246. Las Secretarías de Estado son órganos de la Administración general del país, y dependen directamente del presidente de la República.

La Ley determinará su número, organización, competencia y funcionamiento del Consejo de Ministros.

Artículo 247. Los secretarios de Estado son colaboradores del presidente de la República en la orientación, coordinación, dirección y supervisión de los órganos y entidades de la administración pública nacional, en el área de su competencia.

Artículo 248. Los decretos, reglamentos, acuerdos, órdenes y providencias del presidente de la República, deberán ser autorizados por los secretarios de Estado en sus respectivos ramos o por los subsecretarios en su caso. Sin estos requisitos no tendrá fuerza legal.

Los secretarios de Estado y los subsecretarios serán solidariamente autoricen.

De las resoluciones tomadas en Consejo de Ministros, serán responsables los ministros presentes, a menos que hubieren razonado su voto en contra.

Artículo 249. Para ser secretario o subsecretario de Estado se deben cumplir los requisitos señalados en los numerales 1), 3) y 4) del artículo 238 de esta Constitución y además, ser mayor de veinte-cinco (25) años de edad

Los subsecretarios sustituirán a los secretarios por ministerio de ley.

Artículo 250. No pueden ser secretarios y subsecretarios de Estado:
1. Los parientes del presidente de la República dentro del cuarto grado de consanguinidad y segundo de afinidad[71];
2. Los que hubieren administrado o recaudado valores públicos, mientras no tengan el finiquito de solvencia de su cuenta;
3. Los deudores morosos de la Hacienda Pública; y,
4. Los concesionarios del Estado, sus apoderados o representantes para la explotación de riquezas naturales o contratistas de servicios y obras públicas que se costeen con fondos del Estado, y quienes por tales conceptos tengan cuentas pendientes con este.

Artículo 251. El Congreso Nacional puede llamar a los secretarios de Estado y éstos deben contestar las interpelaciones que se les hagan, sobre asuntos referentes a la administración pública.

Artículo 252. El presidente de la República convoca y preside el Consejo de Ministros. Todas las resoluciones del Consejo se tomarán por simple mayoría y en caso de empate, el presidente tendrá doble voto.
El Consejo se reunirá por iniciativa del presidente para tomar resolución en todos los asuntos que juzgue de importancia nacional y para conocer de los casos que señale la ley.

Actuará como secretario, el secretario de Estado en el Despacho de la Presidencia.

Artículo 253. Es incompatible con la función de secretario de Estado, el ejercicio de otro cargo público, salvo en el caso en que las leyes le asignen otras funciones. Son aplicables a los secretarios de Estado en lo conducente, las reglas, prohibiciones y sanciones establecidas en los artículos 203 y 204.

Artículo 254. Los secretarios de Estado deben presentar anualmente al Congreso Nacional dentro de los primeros quince (15) días de su instalación, un informe de los trabajos realizados en sus respectivos despachos.

Artículo 255. Los actos administrativos de cualquier órgano del Estado que deban producir efectos jurídicos de carácter general serán publicarán en el Diario Oficial La Gaceta y su validez se regulará conforme a lo dispuesto en esta Constitución para la vigencia de ley.

CAPÍTULO VIII
DEL SERVICIO CIVIL

Artículo 256. El régimen de Servicio Civil regula las relaciones de empleo y función pública que se establecen entre el Estado y sus servidores, fundamentados en principios de idoneidad, eficiencia y honestidad. La administración de personal estará sometida a métodos científicos basados en el sistema de méritos.

El Estado protegerá a sus servidores dentro de la carrera administrativa.

Artículo 257. La Ley regulará el Servicio Civil y en especial las condiciones de ingreso a la administración pública; y las promociones y ascensos a base de méritos y aptitudes; la garantía de permanencia, los traslados, suspensiones y garantías; los deberes de los servidores públicos y los recursos contra las resoluciones que los afecten.

Artículo 258. Tanto en el Gobierno Central como en los organismos descentralizados del Estado, ninguna persona podría desempeñar a la vez (2) dos o más cargos públicos remunerados excepto quienes presten servicios asistenciales de salud y en la docencia.

Ningún funcionario, empleado o trabajador público que perciba un sueldo regular, devengará dieta o bonificación por la prestación de un servicio en cumplimiento de sus funciones.

Artículo 259. Las disposiciones de este capítulo se aplicarán a los funcionarios y empleados de las Instituciones Descentralizadas a Municipalidades.

CAPÍTULO IX
DE LAS INSTITUCIONES DESCENTRALIZADAS

Artículo 260. Las Instituciones descentralizadas solamente podrán crearse mediante ley especial y siempre que garantice:
1. La mayor eficiencia en la administración de los intereses nacionales;
2. La satisfacción de necesidades colectivas de servicio público, sin fines de lucro;
3. La mayor efectividad en el cumplimiento de los fines de la administración pública;
4. La justificación económica, administrativa, del costo de su funcionamiento, del rendimiento o utilidad esperados en su caso, de los ahorros previstos;
5. La exclusividad de la competencia, de modo tal que su creación no supone duplicación con otros órganos de la Administración Pública ya existentes;

6. El aprovechamiento y explotación de bienes o recursos pertenecientes al Estado; la participación de éste en aquellas áreas de actividades económicas que considere necesarias y convenientes para cumplir sus fines de progreso social y bienestar general; y,

7. El régimen jurídico general de las instituciones descentralizadas se establecerá mediante la ley general de la Administración Pública que se emita.

Artículo 261. Para crear o suprimir un organismo descentralizado, el Congreso Nacional resolverá por dos tercios (2/3) de votos de sus miembros.

Previa la emisión de leyes relativas a las instituciones descentralizadas, el Congreso Nacional deberá solicitar la opinión del Poder Ejecutivo.

Artículo 262. Las instituciones descentralizadas gozan de independencia funcional y administrativa, y a este efecto podrán emitir los reglamentos que sean necesarios de conformidad con la ley.

Las instituciones descentralizadas funcionarán bajo la dirección y supervisión del Estado y sus presidentes, directores o gerentes responderán por su gestión. La ley establecerá los mecanismos de control necesarios sobre las instituciones descentralizadas.

Artículo 263. No podrán ser presidentes, gerentes generales y directores generales de las Instituciones Descentralizadas, el cónyuge o la cónyuge, los parientes del presidente y los designados a la Presidencia de la República dentro del cuarto grado de consanguinidad o segundo de afinidad.

Artículo 264. Los presidentes, directores generales y gerentes de los organismos descentralizados del Estado durarán hasta cuatro

(4) años en sus funciones y su forma de nombramiento y remoción será de conformidad con las respectivas leyes de creación de las mismas.

Artículo 265. Son funcionarios de confianza del Ejecutivo, los que a cualquier título ejerzan las funciones de dirección de los organismos descentralizados, pero las relaciones laborales de los demás servidores de dichas instituciones serán reguladas por el régimen jurídico aplicable a los trabajadores en general. La modalidad, contenido y alcances de dichos regímenes se normarán por las leyes, reglamentos y convenios colectivos pertinentes.

Artículo 266. Las instituciones descentralizadas someterán al Gobierno Central, El Plan Operativo correspondiente al ejercicio de que se trate, acompañando un informe descriptivo y analítico de cada una de las actividades específicas fundamentales a cumplir, juntamente con un presupuesto integral para la ejecución del referido plan.

La Secretaria de Estado en el Despacho de Finanzas y Secretaría Técnica de Planeación y Cooperación Externa, elaborarán por separado dictámenes con el objetivo de determinar la congruencia de tales documentos con los planes de desarrollo aprobados. Una vez aprobados por el presidente de la República los dictámenes serán remitidos a las instituciones descentralizadas a que correspondan.

Los órganos directivos de las instituciones descentralizadas no aprobarán ni el plan ni el presupuesto anual, en tanto no se incorporen a los mismos las modificaciones propuestas en el respectivo dictamen.

Artículo 267. Los organismos descentralizados del Estado enviarán al Poder Legislativo dentro de los primeros quince días del mes de septiembre de cada año, los respectivos anteproyectos desglosados anuales de presupuesto para su aprobación.

Artículo 268. Las instituciones descentralizadas deberán presentar al Gobierno Central un informe detallado de los resultados líquidos de las actividades financieras de su ejercicio económico anterior.

Igualmente deberán presentar un informe sobre el progreso físico y financiero de todos los programas y proyectos en ejecución.

La Secretaría de Estado en los Despachos de Finanzas y la Secretaría Técnica de Planeación y Cooperación Externo, evaluarán los resultados de la gestión de cada entidad descentralizada y harán las observaciones y recomendaciones pertinentes.

Artículo 269. El Poder Ejecutivo podrá disponer por medio del conducto correspondiente, de las utilidades netas de las instituciones descentralizadas que realicen actividades económicas, cuando no afecten el desarrollo de las mismas ni la ejecución de sus programas o proyectos prioritarios.

Artículo 270. La Ley señalará los contratos que deben ser sometidos a licitación pública por las instituciones descentralizadas.

Artículo 271. Cualquier modificación sustancial al Plan Operativo y al presupuesto de una institución descentralizada, requerirá previamente el dictamen favorable de la Secretaría Técnica de Planeación y Cooperación Externa y de la Secretaría de Estado en los Despachos de Finanzas.

CAPÍTULO X
DE LA DEFENSA NACIONAL

Artículo 272. Las Fuerzas Armadas de Honduras, son una Institución Nacional de carácter permanente, esencialmente profesional, apolítica, obediente y no deliberante.

Se Instituyen para defender la integridad territorial y la soberanía de la República, mantener la paz, el imperio de la Constitución, los principios del libre sufragio y la alternabilidad en el ejercicio de la presidencia de la República.

Cooperarán con la Policía Nacional en la conservación del orden público.

A efecto de garantizar el libre ejercicio del sufragio, la custodia, transporte y vigilancia de los materiales electorales v demás aspectos de la seguridad del proceso, el presidente de la República pondrá a las Fuerzas Armadas a disposición del Consejo Nacional Electoral, desde un mes (1) antes de las elecciones, hasta la declaratoria de las mismas.

Artículo 273. Las Fuerzas remadas estarán constituidas por el que determine su Ley Constitutiva.

Artículo 274. Las Fuerzas Armadas estarán sujetas a las disposiciones de funcionamiento. Ya las demás leyes y reglamentos que regulen su funcionamiento. Cooperarán con las Secretarías de Estado y demás instituciones, a pedimento de éstas, en labores de alfabetización, educación, agricultura, protección del ambiente, vialidad, comunicaciones, sanidad, y reforma agraria.

Participarán en misiones internacionales de paz, en base a tratados internacionales, prestarán apoyo logístico de asesoramiento técnico, en comunicaciones y transporte; en la lucha contra el narcotráfico; colaborarán con personal y medios para hacer frente a desastres naturales y situaciones de emergencia que afecten a las personas y los bienes; así como en programas de protección y conservación del ecosistema, de educación académica y formación técnica de sus miembros y otros de interés nacional.

Además cooperarán con las instituciones de seguridad pública, a petición de la Secretaría de Estado en el Despacho de Seguridad, para combatir el terrorismo, tráfico de armas y el crimen organizado, así como en la protección de los Poderes del Estado, el Consejo Nacional Electoral, a pedimento de éstos, en su instalación y funcionamiento.

Artículo 275. Una Ley especial regulará el funcionamiento de los Tribunales Militares.

Artículo 276. Los ciudadanos comprendidos en la edad de dieciocho (18) años a treinta (30) años, prestarán el servicio militar en forma voluntaria en tiempo de paz, bajo la modalidad de un sistema educativo, social, humanista y democrático. El Estado tiene la facultad de llamar a filas, de conformidad con la Ley de Servicio Militar.

En caso de guerra internacional, son soldados todos los hondureños capaces de defender y prestar servicio a la patria.

Artículo 277. El presidente de la República ejercerá el mando directo de las Fuerzas Armadas en su carácter de Comandante general conforme a esta Constitución, a la Ley Constitutiva de las Fuerzas Armadas y a las demás leyes aplicables.

Artículo 278. Las órdenes que imparta el presidente de la República deberán ser acatadas y ejecutadas con apego a la Constitución de la República y a los principios de legalidad disciplina y profesionalismo militar.

Artículo 279. El secretario(a) de Estado en el Despacho de Defensa Nacional, será el ciudadano(a) que reúna los requisitos que señala esta Constitución y demás Leyes; el jefe del Estado Mayor Conjunto de las Fuerzas Armadas será un oficial general o superior, con el grado de coronel de las armas o su equivalente, en servicio

activo, con méritos y liderazgo; hondureño por nacimiento y deberá reunir
los requisitos que determine la Ley. No podrá ser jefe del Estado Mayor Conjunto, ningún pariente del presidente de la República o de consanguinidad, y segundo de afinidad. ·

Artículo 280. El secretario (a) de Estado en el Despacho de Defensa Nacional, será nombrado o removido libremente por el presidente de la República; en igual forma lo será el jefe del Estado Mayor Conjunto de las Fuerzas Armadas, quien será seleccionado por el presidente de la República, entre los miembros que integran la Junta de comandantes, de conformidad con lo que establece el Escalafón de Oficiales, prescrito en la Ley Constitutiva de las Fuerzas Armadas.

Artículo 281. En ausencia temporal del jefe del Estado Mayor Conjunto de las Fuerzas Armadas, desempeñará sus funciones el subjefe del Estado Mayor Conjunto y si también éste se encontrare ausente o estuviere vacante el cargo, desempeñará sus funciones provisionalmente, el oficial general o superior que designe el presidente de la República, entre los miembros restantes de la Junta de Comandantes; en defecto de todos los anteriores, por el oficial general o superior con el grado de coronel en las Armas o su equivalente, que el presidente designe. En caso de ausencia definitiva del jefe del Estado Mayor Conjunto, el presidente de la República hará los respectivos nombramientos en los términos consignados en los artículos 279 y 280 de esta Constitución. Mientras se produce el nombramiento del jefe del Estado Mayor Conjunto, llenará la vacante el Oficial de las Fuerzas Armadas que está desempeñando sus funciones.

Artículo 282. Los nombramientos y remociones del personal de las Fuerzas Armadas, en el orden administrativo, se harán de conformidad con la Ley de la Administración Pública.

En el área operacional, los nombramientos y remociones la harán el jefe de Estado Mayor Conjunto, de acuerdo a la estructura orgánica de las Fuerzas Armadas, de conformidad con su Ley Constitutiva, y demás disposiciones legales vigentes, incluyendo al personal de tropa y auxiliar.

Artículo 283. El Estado Mayor Conjunto de las Fuerzas Armadas es el Órgano Superior Técnico de Asesoramiento, Planificación, Coordinación y Supervisión, dependiente de la Secretaría de Estado en el Despacho de Defensa Nacional y tendrá las funciones consignadas en la Ley Constitutiva de las Fuerzas Armadas.

Artículo 284. Por razones de defensa y seguridad nacional, el territorio de la República se dividirá en regiones militares, que estarán a cargo de un jefe de Región Militar, su organización y funcionamiento será conforme a lo dispuesto en la Ley Constitutiva de las Fuerzas Armadas.

Artículo 285. La Junta de comandantes de las Fuerzas Armadas, es el órgano de consulta en todos los asuntos relacionados con la Institución.

Actuará como órgano de decisión en las materias de su competencia y como Tribunal Superior de las Fuerzas Armadas en los asuntos que sean sometidos a su conocimiento. La Ley Constitutiva de las Fuerzas Armadas y su Reglamento regularan su funcionamiento.

Artículo 286. La Junta de comandantes de las Fuerzas Armadas estará integrada por el jefe del Estado Mayor Conjunto, quien la presidirá, el subjefe del Estado Mayor Conjunto, el inspector general y los comandantes de Fuerza.

Artículo 287. Créase el Consejo Nacional de Defensa y Seguridad; una ley especial regulará su organización y funcionamiento.

Artículo 288. En los Centros de Formación Militar se educarán a nivel superior los aspirantes a Oficiales de las Fuerzas Armadas. Se organizarán centros de capacitación para las armas y servicios de acuerdo con las necesidades de la Institución.

También se organizarán Escuelas Técnicas de Formación y Capacitación, de conformidad con los fines del servicio militar voluntario, educativo, social, humanista y democrático.

Artículo 289. Se establece el Colegio de Defensa Nacional, como el más alto centro de estudio de las Fuerzas Armadas, encargado de la capacitación del personal militar y civil selecto, para que, en acción conjunta de los campos político, económico, social y militar, participen en la planificación estratégica nacional.

Artículo 290. Los grados militares sólo se adquieren por riguroso ascenso de acuerdo con la ley respectiva.

Los militares no podrán ser privados de sus grados, honores y pensiones en otra forma que la fijada por la Ley. Los ascensos desde subteniente hasta capitán inclusive serán otorgados por el presidente de la República a propuesta del secretario(a) de Estado en el Despacho de Defensa Nacional; los ascensos desde mayor hasta general de División inclusive serán otorgados por el Congreso Nacional a propuesta del Poder Ejecutivo.

El Estado Mayor Conjunto de las Fuerzas Armadas emitirá dictamen previo a conferir los ascensos de Oficiales.

Artículo 291. Para la protección, bienestar y seguridad de todos los miembros de las Fuerzas Armadas, funcionará el Instituto de Previsión Militar, organismo que será presidido por el jefe del Estado Mayor Conjunto y de acuerdo con las disposiciones de la Ley del Instituto de Previsión Militar .

Artículo 292. Queda reservada como facultad privativa de las Fuerzas Armadas, la fabricación, importación, distribución y venta de armas, municiones y artículos similares.

Artículo 293. La policía Nacional es una institución profesional permanente del Estado apolítica en el sentido partidista de naturaleza.

Puramente civil, encargada de cenar por la conservación del orden público, la prevención, control y combate al delito; proteger la seguridad de las personas y sus bienes; ejecutar las resoluciones, disposiciones, mandatos y decisiones legales de las autoridades y funcionarios públicos, todo con estricto respeto a los derechos humanos.

La Policía Nacional se regirá por legislación especial.

CAPÍTULO XI
DEL RÉGIMEN DEPARTAMENTAL Y MUNICIPAL

Artículo 294. El territorio nacional se divide en departamentos. Su creación y límites deben ser decretados por el Congreso Nacional.

Los departamentos se dividen en municipios autónomos administrados por corporaciones electas por el pueblo, de conformidad con la ley.

Sin perjuicio de lo establecido en los dos párrafos anteriores, el Congreso Nacional puede crear zonas sujetas a regímenes especiales de conformidad con el artículo 329 de esta Constitución.

Artículo 295. El Distrito Central lo forman un solo municipio: los antiguos de Tegucigalpa y Comayagüela.

Artículo 296. La Ley establecerá la organización y funcionamiento de las municipalidades y los requisitos para ser funcionario o empleado municipal.

Artículo 297. Las municipalidades nombrarán libremente a los empleados de su dependencia incluyendo a los agentes de la policía que costeen con sus propios fondos.

Artículo 298. En el ejercicio de sus funciones privativas y siempre que no contraríen las leyes, las Corporaciones Municipales serán independientes de los poderes del Estado, responderán ante los tribunales de justicia por los abusos que cometan individual o colectivamente, sin perjuicio de la responsabilidad administrativa.

Artículo 299. El desarrollo económico y social de los municipios debe formar parte de los programas de Desarrollo Nacional.

Artículo 300. Todo municipio tendrá tierras ejidales suficientes que le aseguren su existencia y normal desarrollo.

Artículo 301. Deberán ingresar al Tesoro Municipal los impuestos y contribuciones que graven los ingresos provenientes de inversiones que se realicen en la respectiva comprensión municipal, lo mismo que la participación que le corresponda por la explotación o industrialización de los recursos naturales ubicados en su jurisdicción municipal, salvo que razones de conveniencia nacional obliguen a darles otros destinos.

Artículo 302. Para los fines exclusivos de procurar el mejoramiento y desarrollo de las comunidades, los ciudadanos tendrán derecho a asociarse libremente en patronatos, a constituir federaciones y confederaciones.

La Ley reglamentará este derecho.

CAPITULO XII
DEL PODER JUDICIAL

Artículo 303. La potestad de impartir justicia emana del pueblo y se imparte gratuitamente en nombre del Estado, por magistrados y jueces independientes, únicamente sometidos a la Constitución y a las leves. El Poder Judicial se integra por una Corte Suprema de Justicia, por las Cortes de Apelaciones, los Juzgados, por tribunales con competencia exclusiva en zonas del país sujetas a regímenes especiales creados por la Constitución de la República y demás dependencias que señale la ley.

La potestad de impartir justicia en materia electoral y consultas ciudadanas corresponde al Tribunal de Justicia Electoral, creado en esta Constitución en los casos y con las limitaciones que señala la ley.

En ningún juicio debe haber más de dos (2) instancias; el juez o magistrado que haya ejercido jurisdicción en una de ellas no puede conocer en la otra, ni en recurso extraordinario en el mismo asunto, sin incurrir en responsabilidad.

Tampoco pueden juzgar en una misma causa los cónyuges y los parientes dentro del cuarto grado de consanguinidad o segundo de afinidad.

Artículo 304. Corresponde a los órganos jurisdiccionales aplicar las leyes a casos concretos, juzgar y ejecutar lo juzgado. En ningún tiempo podrán crearse órganos jurisdiccionales de excepción.

Se exceptúan de esta disposición, los fueros jurisdiccionales de las Regiones Especiales de Desarrollo. Los jueces de estos fueros serán nombrados por el Congreso Nacional por mayoría calificada de las dos terceras (2/3) partes de la totalidad de sus miembros, a propuesta de las autoridades de la Administración de la Región Especial de Desarrollo (RED) de que se trate.

Artículo 305. Solicitada su intervención en forma legal y en asuntos de competencia, los jueces y magistrados no pueden dejar de juzgar bajo pretexto de silencio u oscuridad de las leyes.

Artículo 306. Los órganos jurisdiccionales requerirán en caso necesario el auxilio de las Fuerzas Públicas para el cumplimiento de sus resoluciones; si les fuere negado o no lo hubiere disponible, lo exigirán de los ciudadanos.

Quien injustificadamente se negare a dar auxilio incurrirá en responsabilidad.

Artículo 307. La ley, sin menoscabo de la independencia de los jueces y magistrados, dispondrá lo necesario a fin de asegurar el correcto y normal funcionamiento de los órganos jurisdiccionales, proveyendo los medios eficaces para atender a sus necesidades funcionales y administrativas, así como a la organización de los servicios auxiliares.

Artículo 308. La Corte Suprema de Justicia es el máximo órgano jurisdiccional comprende todo el territorio del Estado. La Corte Suprema de Justicia estará integrada por quince (15) magistrados. Sus decisiones se tomarán por la mayoría de la totalidad de sus miembros.

Artículo 309. Para ser magistrado de la Corte Suprema de Justicia, se requiere:

1. Ser hondureño por nacimiento;
2. Ciudadano en el goce y ejercicio de sus derechos;
3. Abogado y Notario debidamente colegiado;
4. Mayor de treinta y cinco (35) años;
5. Haber sido titular de un órgano jurisdiccional durante cinco (5) años, o ejercido la profesión durante diez (10) años.

Artículo 310. No pueden ser elegidos magistrados de la Corte Suprema de Justicia:

1) Los que tengan cualquiera de las inhabilidades para ser secretario de Estado; y,
2) Los cónyuges y los parientes entre sí en el cuarto grado de consanguinidad o segundo de afinidad.

Artículo 311. Los magistrados de la Corte Suprema de Justicia, serán electos por el Congreso Nacional, con el voto favorable de las dos terceras (2/3) partes de la totalidad de sus miembros, de una nómina de candidatos no menor de tres (3) por cada uno de los magistrados a elegir. Presentada la propuesta con la totalidad de los magistrados, se procederá a su elección. En caso de no lograrse la mayoría calificada para la elección de la nómina completa de los magistrados, se efectuará votación directa y secreta para elegir individualmente los magistrados que faltaren, tantas veces como sea necesario, hasta lograr el voto favorable de las (2/3) dos terceras partes. Los magistrados serán electos de una nómina de candidatos propuesta por una Junta Nominadora que estará integrada de la manera siguiente.

1. Un Representante de la Corte Suprema de Justicia electo por el voto favorable de las (2/3) dos terceras partes de los magistrados;
2. Un Representante del Colegio de Abogados de Honduras, electo en Asamblea;
3. El comisionado Nacional de los Derechos Humanos;
4. Un Representante del Consejo Hondureño de la Empresa Privada (COHEP), electo en Asamblea;
5. Un Representante de los claustros de profesores de las Escuelas de Ciencias Jurídicas, cuya propuesta se efectuará a través de la Universidad Nacional Autónoma de Honduras, (UNAH);
6. Un Representante electo por las organizaciones de la Sociedad Civil; y,
7. Un Representante de las Confederaciones de Trabajadores.
Una ley regulará la organización y el funcionamiento de la Junta Nominadora.

Artículo 312. Las organizaciones que integran la Junta Nominadora deberán ser convocadas por el presidente del Congreso Nacional, a más tardar el 31 de octubre del año anterior a la elección de los magistrados, debiendo entregar su propuesta a la Comisión Permanente del Congreso Nacional el día 23 de enero como plazo máximo, a fin de poder efectuar la elección el día 25 de enero. Si una vez convocada la Junta Nominadora no efectuase propuestas, el Congreso Nacional procederá a la elección por mayoría calificada de la totalidad de sus miembros.

Artículo 313. La Corte Suprema de Justicia, tendrá las atribuciones siguientes:

1. Dirigir el Poder Judicial en la potestad de Impartir Justicia;
2. Conocer los procesos incoados a los más altos funcionarios del Estado y los diputados;
3. Conocer en segunda instancia de los asuntos que las Cortes de Apelaciones hayan conocido en primera instancia;
4. Conocer de las causas de extradición y de las demás que deban juzgarse conforme al Derecho Internacional;
5. Conocer de los recursos de Hábeas Corpus, Hábeas Data, Casación, Amparo, Revisión e Inconstitucionalidad, de conformidad con la Constitución y la Ley;
6. Autorizar al ejercicio del notariado a quienes hayan obtenido el título de abogado;
7. Conocer en primera instancia del antejuicio contra los magistrados de las Cortes de Apelaciones;
8. Emitir su Reglamento Interior y los otros que sean necesarios para el cumplimiento de sus funciones;
9. Las demás que le confiere la Constitución v las leyes;
10. Elaborar el Proyecto del Presupuesto del Poder Judicial conjuntamente con el Consejo de la Judicatura y de la Carrera Judicial, y enviarlo por medio del presidente al Congreso Nacional;
11. Fijar la División del Territorio para efectos jurisdiccionales; y,

12. Crear, suprimir, fusionar o trasladar los Juzgados, Cortes de Apelaciones y demás dependencias previo Dictamen favorable del Consejo de la Judicatura y de la Carrera Judicial.

Artículo 314. El período de los magistrados de la Corte Suprema de Justicia será de siete (7) años a partir de la fecha en que presenten la promesa de ley, pudiendo ser reelectos. En caso de muerte, incapacidad que le impida el desempeño del cargo, sustitución por causas legales o de renuncia; el magistrado que llene la vacante, ocupará el cargo por el resto del período y será electo por el Congreso Nacional, por el voto favorable de las dos terceras (2/3) partes de la totalidad de sus miembros. El sustituto será electo de los restantes candidatos propuestos por la Junta Nominadora al inicio del período.

Artículo 315. La Corte Suprema de Justicia cumplirá sus funciones constitucionales y legales bajo la Presidencia de uno (1) de sus magistrados.

Para la elección del presidente de la Corte, los magistrados electos por el Congreso Nacional reunidos en Pleno, seleccionarán a más tardar veinticuatro (24) horas después de su elección y por el voto favorable de (2/3) dos terceras partes de sus miembros, al magistrado cuyo nombre será propuesto al Congreso de la República para su elección como tal.

Esta elección se efectuará de igual manera con el voto de dos terceras (2/3) partes de la totalidad de los miembros del Congreso Nacional.

El presidente de la Corte Suprema de Justicia durará en sus funciones por un período de siete (7) años y podrá ser reelecto.

El presidente de la Corte Suprema de Justicia, ejercerá la representación del Poder Judicial y en ese carácter actuará de acuerdo con las decisiones adoptadas por la Corte en Pleno.

Artículo 316. La Corte Suprema de Justicia, está organizada en salas, una de las cuales es la de lo Constitucional, integrada por cinco (5) magistrados, cuando las sentencias de las salas se pronuncien por una unanimidad de votos, se deben proferir en nombre de la Corte Suprema de Justicia y tienen el carácter de definitivas.

Cuando no haya unanimidad en la toma de decisión del asunto, los magistrados que hayan participado en la Sala, no deben integrar el Pleno.

La Sala de lo Constitucional tiene las atribuciones siguientes:

1) Conocer de conformidad con esta Constitución y la ley, de los recursos de Hábeas Corpus o Exhibición Personal, Hábeas Data, Amparo, Inconstitucionalidad y Revisión; y,
2) Dirimir los conflictos entre los Poderes del Estado, incluido el Consejo Nacional Electoral, así como, entre las demás entidades u órganos que indique la ley; las sentencias en que se declara la inconstitucionalidad de una norma son de ejecución inmediata y tienen efectos generales, y por tanto derogan la norma inconstitucional, debiendo comunicarse al Congreso Nacional, quien lo hará publicar en el Diario Oficial La Gaceta. El Reglamento establecerá la organización y funcionamiento de las Salas.

Artículo 317. Créase el Consejo de la Judicatura y de la Carrera Judicial, cuyos miembros, organización, alcances y atribuciones serán objeto de una Ley, que será aprobada por las dos terceras (2/3) partes del voto favorable de la totalidad de los diputados del Congreso Nacional. Los jueces y magistrados no podrán ser separados, suspendidos, trasladados, descendidos, ni jubilados, sino por las causas y con las garantías previstas en la Ley.

El período de los miembros del Consejo de la Judicatura y de la Carrera Judicial, será de cinco (5) años pudiendo ser reelectos por un período más, debiendo prestar su servicio a tiempo completo y de manera exclusiva. Se exceptúan los miembros del Consejo que conformen parte de la Corte Suprema de Justicia, quienes fungirán durante el período para el cual fueron electos. La Ley señala su organización, sus alcances y atribuciones.

Artículo 318. El Poder Judicial goza de completa autonomía administrativa y financiera. En el Presupuesto General de Ingresos y Egresos de la República, tendrá una asignación anual no menor del tres por ciento (3.0%) de los ingresos corrientes. El Poder Ejecutivo acreditará, trimestralmente anticipados, las partidas presupuestadas correspondientes.

Artículo 319. Los jueces y magistrados prestarán sus servicios en forma exclusiva al Poder Judicial. No podrán ejercer, por consiguiente, la profesión del derecho en forma independiente, ni brindarle consejo o asesoría legal a persona alguna. Esta prohibición no comprende el desempeño de cargos docentes ni de funciones diplomáticas (*Ad-Hoc*). Los funcionarios judiciales y el personal auxiliar del Poder Judicial, de las áreas jurisdiccional y administrativa, no podrán participar por motivo alguno en actividades de tipo partidista de cualquier clase, excepto emitir su voto personal. Tampoco podrán sindicalizarse ni declararse en huelga.

Artículo 320. En casos de incompatibilidad entre una norma constitucional y una legal ordinaria, se aplicará la primera.

CAPÍTULO XIII
DE LA RESPONSABILIDAD DEL ESTADO Y DE SUS SERVIDORES

Artículo 321. Los servidores del Estado no tienen más facultades que las que expresamente les confiere la ley. Todo acto que ejecuten fuera de la ley es nulo e implica responsabilidad.

Artículo 322. Todo funcionario público al tomar posesión de su cargo prestará la siguiente promesa de ley: *Prometo ser fiel a la República, cumplir y hacer cumplir la Constitución y las leyes.*

Artículo 323. Los funcionarios son depositarios de la autoridad, responsables legalmente por su conducta oficial, sujetos a la ley y jamás superiores a ella.

Ningún funcionario o empleado, civil o militar, está obligado a cumplir órdenes ilegales o que impliquen la comisión de delito.

Artículo 324. Si el servidor público en el ejercicio de su cargo infringe la ley en perjuicio de particulares será civil y solidariamente responsable junto con el Estado o con la institución estatal a cuyo servicio se encuentre, sin perjuicio de la acción de repetición que éstos pueden ejercitar contra el servidor responsable, en los casos de culpa o dolo.

La responsabilidad civil no excluye la deducción de las responsabilidades administrativas y penal contra el infractor.

Artículo 325. Las acciones para deducir responsabilidad civil a los servidores del Estado prescriben en el término de diez (10) años; y para deducir responsabilidad penal en el doble del tiempo señalado por la ley penal.

En ambos casos, el término de prescripción comenzará a contarse desde la fecha en que el servidor público haya cesado en el cargo en el cual incurrió en responsabilidad.

No hay prescripción en los casos en que por acción u omisión dolosa y por motivos políticos se causare la muerte de una (1) o más personas.

Artículo 326. Es pública la acción para perseguir a los infractores de los derechos y garantías establecidas en esta Constitución y se ejercitará sin caución ni formalidad alguna y por simple denuncia.

Artículo 327. La ley regulará la responsabilidad civil del Estado, así como la responsabilidad civil solidaria, penal y administrativa de los servidores del Estado.

TÍTULO VI

DEL RÉGIMEN ECONÓMICO

CAPÍTULO I
DEL SISTEMA ECONÓMICO

Artículo 328. El Sistema Económico de Honduras se fundamenta en principios de eficiencia en la producción y justicia social en la distribución de la riqueza y el ingreso nacional, así como en la coexistencia armónica de los factores de la producción que hagan posible la dignificación del trabajo como fuente principal de la riqueza y como medio de realización de la persona humana.

Artículo 329. El Estado promueve el desarrollo económico y social, que debe estar sujeto a una planificación con la participación de los Poderes del Estado y las organizaciones políticas, económicas y sociales, debidamente representadas.

Para realizar la función de promover el desarrollo económico y social, y complementar las acciones de los demás agentes de este desarrollo, el Estado, con visión a mediano y largo plazo, debe diseñar concertadamente con la sociedad hondureña una planificación contentiva de los objetivos precisos y los medios y mecanismos para alcanzarlos.

Los planes de desarrollo de mediano y largo plazo deben incluir políticas y programas estratégicos que garanticen la continuidad de su ejercicio desde su concepción y aprobación, hasta su conclusión.

El Plan de Nación, los planes de desarrollo integral y los programas incorporados en los mismos son de obligatorio cumplimiento para los gobiernos sucesivos.

ZONAS DE EMPLEO Y DESARROLLO ECONÓMICO

El Estado puede establecer zonas del país sujetas a regímenes especiales los cuales tienen personalidad jurídica, están sujetos a un régimen fiscal especial, pueden contraer obligaciones en tanto no requieran para ello la garantía o el aval solidario del Estado, celebrar contratos hasta el cumplimiento de sus objetivos en el tiempo y durante varios gobiernos y gozan de autonomía funcional y administrativa que deben incluir las funciones, facultades y obligaciones que la Constitución y las leyes le confieren a los municipios.

La creación de una zona sujeta a un régimen especial es atribución exclusiva del Congreso Nacional, por mayoría calificada, previo plebiscito aprobatorio por las dos terceras (2/3) partes, de conformidad a lo establecido en el artículo 5 de la Constitución. Este requisito no es necesario para regímenes especiales creados en zonas con baja intensidad poblacional. Se entienden aquellas en donde el número de habitantes permanentes por kilómetros cuadrado sea inferior al promedio para zonas rurales calculado por el Instituto Nacional de Estadísticas (INE) quien debe emitir el correspondiente dictamen.

El Congreso Nacional al aprobar la creación de zonas sujetas a regímenes especiales, debe garantizar que se respeten, en su caso, la sentencia emitida por la Corte Internacional de Justicia de la Haya el 11 de septiembre de 1992 y lo dispuesto en los artículos 10, 11, 12, 13, 15 y 19 de la Constitución de la República referente al territorio. Estas zonas están sujetas a la legislación nacional en todos los temas relacionados a soberanía, aplicación de la justicia, defensa nacional, relaciones exteriores, temas electorales, emisión de documentos de identidad y pasaportes.

El Golfo de Fonseca debe sujetarse a un régimen especial de conformidad al Derecho Internacional, a lo establecido en el artículo 10 Constitucional y el presente artículo; las costas hondureñas del Golfo y del mar Caribe quedan sometidas a las mismas disposiciones constitucionales.

Para la creación y el funcionamiento de estas zonas el Congreso Nacional debe aprobar una Ley Orgánica, la que sólo puede ser modificada, reformada, interpretada o derogada por dos tercios (2/3) favorables de los miembros del Congreso Nacional, es necesaria además la celebración de un referéndum o plebiscito a las personas que habiten la zona sujeta a régimen especial cuando su población supere los cien mil (100,000) habitantes. La Ley Orgánica debe establecer expresamente la normativa aplicable.

Las autoridades de las zonas sujetas a regímenes especiales tienen la obligación de adoptar las mejores prácticas nacionales e internacionales para garantizar la existencia y permanencia del entorno social económico y legal adecuado para ser competitivas a nivel internacional.

Para la solución de conflictos dentro de las zonas del país sujetas a regímenes especiales, el Poder Judicial por medio del Consejo de la Judicatura debe crear tribunales con competencia exclusiva y autónoma sobre éstos. Los jueces de las zonas sujetas a jurisdicción especial serán propuestos por las zonas especiales ante el Consejo de la Judicatura quien lo nombrará previo concurso de un listado propuesto de una comisión especial integrada en la forma que señale la Ley Orgánica de estos regímenes. La Ley puede establecer la sujeción a arbitraje obligatorio para la solución de conflictos de las personas naturales o jurídicas que habiten dentro de las áreas comprendidas por estos regímenes para ciertas materias. Los tribunales de las zonas sujetas a un régimen jurídico especial podrán adoptar sistemas o tradiciones jurídicas de otras partes del mundo siempre que garanticen igual o mejor los principios constitucionales de protección a los Derechos Humanos previa aprobación del Congreso Nacional.

Artículo 330. La economía nacional se sustenta en la coexistencia democrática y armónica de diversas formas de propiedad y de empresa.

Artículo 331. El Estado reconoce, garantiza y fomenta las libertades de consumo, ahorro, inversión, ocupación, iniciativa, comercio, industria, contratación, de empresa y cualesquiera otras que emanen de los principios que forman esta Constitución. Sin embargo, el ejercicio de dichas libertades no podrá ser contrario al interés social ni lesivo a la moral, la salud o la seguridad pública.

Artículo 332. El ejercicio de las actividades económicas corresponde primordialmente a los particulares. Sin embargo, el Estado, por razones de orden público e interés social, podrá reservarse el ejercicio de determinadas industrias básicas, explotaciones y servicios de interés público y dictar medidas y leyes económicas, fiscales y de seguridad pública, para encauzar, estimular, supervisar, orientar y suplir la iniciativa privada, con fundamento en una política económica racional y planificada.

Artículo 333. La intervención del Estado en la economía tendrá por base el interés público y social, y por límite los derechos y libertades reconocidos por esta Constitución.

Artículo 334. Las sociedades mercantiles estarán sujetas al control y vigilancia de una Superintendencia de Sociedades, cuya organización y funcionamiento determinará la ley. Las cooperativas lo estarán al organismo y en la forma y alcances que establece la ley de la materia.

Artículo 335. El Estado ordenará sus relaciones económicas externas sobre las bases de una cooperación internacional justa, la integración económica centroamericana y el respeto de los tratados y convenios que suscriba, en lo que no se oponga al interés nacional.

Artículo 336. La inversión extranjera será autorizada, registrada y supervisada por el Estado. Será complementaria y jamás sustitutiva de la inversión nacional.

Las empresas extranjeras se sujetarán a las leyes de la República.

Artículo 337. La industria y el comercio en pequeña escala constituyen el patrimonio de los hondureños y su protección será objeto de una ley.

Artículo 338. La Ley regulará y fomentará la organización de cooperativas de cualquier clase, sin que se altere o eludan los principios económicos y sociales fundamentales de esta Constitución.

Artículo 339. Se prohíben los monopolios, monopsonios, oligopolios, acaparamientos y prácticas similares en la actividad industrial y mercantil.

No se consideran monopolios particulares los privilegios temporales que se conceden a los inventores, descubridores o autores en concepto de derechos de propiedad científica, literaria, artística o comercial, patentes de invención y marcas de fábrica.

Artículo 340. Se declara de utilidad y necesidad pública, la explotación técnica y racional de los recursos naturales de la Nación.

El Estado reglamentará su aprovechamiento, de acuerdo con el interés social y fijará las condiciones de su otorgamiento a los particulares.

La reforestación del país y la conservación de bosques se declara de conveniencia nacional y de interés colectivo.

Artículo 341. La Ley podrá establecer restricciones, modalidades o prohibiciones para la adquisición, transferencia uso y disfrute de la propiedad estatal y municipal por razones de orden público, interés social y de conveniencia nacional.

CAPÍTULO II
DE LA MONEDA Y LA BANCA

Artículo 342. La emisión monetaria es potestad exclusiva del Estado que la ejercerá por medio del Banco Central de Honduras.

El régimen bancario, monetario y crediticio será regulado por la ley.

El Estado, por medio del Banco Central de Honduras, tendrá a su cargo la formulación y desarrollo de la política monetaria, crediticia y cambiaria del país, debidamente coordinada con la política
económica planificada.

Artículo 343. El Banco Central de Honduras reglamentará y aprobará el otorgamiento de préstamos, descuentos, avales y demás operaciones de crédito; comisiones, gratificaciones o bonificaciones de cualquier clase que las instituciones bancarias, financieras y aseguradoras otorguen a sus accionistas mayoritarios, directores y funcionarios.

Asimismo, reglamentará y aprobará el otorgamiento de préstamos, descuentos, avales y demás operaciones de crédito a las sociedades donde aquéllos tengan participación mayoritaria.

Cualquier infracción a las disposiciones de este artículo será sancionada de acuerdo a las normas reglamentarias que el Banco Central emita, sin perjuicio de la acción de responsabilidad civil o penal a que hubiera lugar.

CAPÍTULO III
DE LA REFORMA AGRARIA

Artículo 344. La Reforma Agraria es un proceso integral y un instrumento de transformación de la estructura agraria del país, destinado a sustituir el latifundio y el minifundio por un sistema de propiedad, tenencia y explotación de la tierra que garantice la justicia social en el campo y aumente la producción y la productividad del sector agropecuario.

Declárase de necesidad y utilidad pública la ejecución de la Reforma Agraria.

Artículo 345. La Reforma Agraria constituye parte esencial de la estrategia global del desarrollo de la nación, por lo que las demás políticas económicas y sociales que el gobierno apruebe deberán formularse y ejecutarse en forma armónica con aquella, especialmente las que tienen que ver entre otras, con la educación, la vivienda, el empleo, la infraestructura, la comercialización y la asistencia técnica y crediticia.

La Reforma Agraria se ejecutará de manera que se asegure la eficaz participación de los campesinos, en condiciones de igualdad con los demás sectores de la producción, en el proceso de desarrollo económico, social y político de la nación.

Artículo 346. Es deber del Estado dictar medidas de protección de los derechos e intereses de las comunidades indígenas existentes en el país, especialmente de las tierras y bosques donde estuvieren asentadas.

Artículo 347. La producción agropecuaria debe orientarse preferentemente a la satisfacción de las necesidades alimentarias de la población hondureña, dentro de una política de abastecimiento adecuado y precios justos para el productor y el consumidor.

Artículo 348. Los planes de reforma agraria del Instituto Nacional Agrario y las demás decisiones del Estado en materia agraria, se formularán y ejecutarán con la efectiva participación de las organizaciones de campesinos, agricultores y ganaderos legalmente reconocidas.

Artículo 349. La expropiación de bienes con fines de reforma agraria o de ensanche y mejoramiento de poblaciones o cualquier otro propósito de interés nacional que determine la ley, se hará mediante indemnización justipreciada por pagos al contado y en su caso, bonos de la deuda agraria. Dichos bonos serán de aceptación y demás requisitos que la Ley de Reforma Agraria determine.

Artículo 350. Los bienes expropiables para fines de Reforma Agraria o de ensanche y mejoramiento de poblaciones, son exclusivamente los predios rústicos y sus mejoras útiles y necesarias que se encuentren adheridas a los mismos y cuya separación pudiera menoscabar la unidad económica productiva.

CAPÍTULO IV
DEL RÉGIMEN FINANCIERO

Artículo 351. El sistema tributario se regirá por los principios de legalidad, proporcionalidad, generalidad y equidad, de acuerdo con la capacidad económica del contribuyente.

CAPÍTULO V
DE LA HACIENDA PÚBLICA

Artículo 352. Forman la Hacienda Pública:
1. Todos los bienes muebles e inmuebles del Estado;
2. Todos sus créditos activos; y,
3. Sus disponibilidades líquidas.

Artículo 353. Son obligaciones financieras del Estado:
1. Las deudas legalmente contraídas para gastos corrientes o de inversión, originadas en la ejecución del Presupuesto General de Ingresos y Egresos; y,
2. Las demás deudas legalmente reconocidas por el Estado.

Artículo 354. Los bienes fiscales o patrimoniales solamente podrán ser adjudicados o enajenados a las personas y en la forma y condiciones que determinen las leyes.

El Estado se reserva la potestad de establecer o modificar la demarcación de las zonas de control y protección de los recursos naturales en el territorio nacional.

Artículo 355. La administración de los fondos públicos corresponde al Poder Ejecutivo.

Para la percepción, custodia y erogación de dichos fondos, habrá un servicio general de tesorería

El Poder Ejecutivo, sin embargo, podrá delegar en el Banco Central, las funciones de recaudador y depositario.

También la ley podrá establecer servicios de pagadurías especiales.

Artículo 356. El Estado solamente garantiza el pago de la deuda pública que contraigan los gobiernos constitucionales, de acuerdo con esta Constitución y las leyes.

Cualquier norma o acto que contravenga lo dispuesto en este artículo, hará incurrir a los infractores en responsabilidad civil, penal y administrativa, que será imprescriptible.

Artículo 357. Las autorizaciones de endeudamiento externo e interno del Gobierno Central, organismos descentralizados y gobiernos municipales, que incluyan garantías y avales del Estado, serán reguladas por la ley.

Artículo 358. Los gobiernos locales podrán realizar operaciones de crédito interno bajo su exclusiva responsabilidad, pero requerirán las autorizaciones señaladas por leyes especiales.

Artículo 359. La tributación, el gasto y el endeudamiento públicos, deben guardar proporción con el producto interno bruto, de acuerdo con la ley.

Artículo 360. Los contratos que el Estado celebre para la ejecución de obras públicas, adquisición de suministros y servicios, de compraventa o arrendamiento de bienes, deberán ejecutarse previa licitación, concurso o subasta de conformidad con la ley.

Se exceptúan los contratos que tengan por objeto proveer a las necesidades ocasionadas por un estado de emergencia y los que por su naturaleza no puedan celebrarse sino con persona determinada.

CAPÍTULO VI
DEL PRESUPUESTO

Artículo 361. Son recursos financieros del Estado:

1. Los ingresos que perciba por impuestos, tasas, contribuciones, regalías, donaciones o por cualquier otro concepto;
2. Los ingresos provenientes de empresas estatales, de capital mixto o de aquellas en que el Estado tenga participación social; y,
3. Los ingresos extraordinarios que provengan del crédito público o de cualquier otra fuente.

Artículo 362. Todos los ingresos y egresos fiscales constarán en el Presupuesto General de la República, que se votará anualmente de acuerdo con la política económica planificada y con los planes anuales operativos aprobados por el Gobierno.

Artículo 363. Todos los ingresos fiscales ordinarios constituirán un solo fondo.

No podrá crearse ingreso alguno destinado a un fin específico. No obstante, la ley podrá afectar ingresos al servicio de la deuda pública y disponer que el producto de determinados impuestos y contribuciones generales sea dividido entre la Hacienda Nacional y la de los municipios, en proporciones o cantidades previamente señaladas.

La ley podrá, asimismo, de conformidad con la política planificada autorizar a determinadas empresas estatales o mixtas para que perciban, administren o inviertan recursos financieros provenientes del ejercicio de actividades económicas que les corresponden.

Artículo 364. No podrá hacerse ningún compromiso o efectuarse pago alguno fuera de las asignaciones votadas en el Presupuesto, o en contravención a las normas presupuestarias.

Los infractores serán responsables civil, penal y administrativamente.

Artículo 365. El Poder Ejecutivo, bajo su responsabilidad y siempre que el Congreso Nacional no estuviere reunido, podrá contratar empréstitos, variar el destino de una partida autorizada o abrir créditos adicionales, para satisfacer necesidades urgentes o imprevistos en caso de guerra, conmoción interna o calamidad pública, o para atender compromisos internacionales, de todo lo cual dará cuenta pormenorizada al Congreso Nacional en la subsiguiente legislatura.

En la misma forma procederá cuando se trate de obligaciones a cargo del Estado provenientes de sentencias definitivas firmes, para el pago de prestaciones laborales, cuando no existiere partida o ésta estuviere agotada.

Artículo 366. El Presupuesto será votado por el Poder Legislativo con vista al Proyecto que presente el Poder Ejecutivo.

Artículo 367. El Proyecto de Presupuesto será presentado por el Poder Ejecutivo al Congreso Nacional, dentro de los primeros quince (15) días del mes de septiembre de cada año.

Artículo 368. La Ley Orgánica del Presupuesto establecerá lo concerniente a la preparación, elaboración, ejecución y liquidación del presupuesto. Cuando al cierre de un ejercicio fiscal no se hubiere votado el Presupuesto para el nuevo ejercicio, continuará en vigencia el correspondiente al período anterior.

Artículo 369. La Ley determinará la organización y funcionamiento de la Proveeduría General de la República.

Artículo 370. Derogado.

Artículo 371. La fiscalización preventiva de la ejecución del Presupuesto General de Ingresos y Egresos de la República estará a cargo del Poder Ejecutivo, que deberá especialmente:

1. Verificar la recaudación y vigilar la custodia, el compromiso y la erogación de fondos públicos; y,
2. Aprobar todo egreso de fondos públicos, de acuerdo con el Presupuesto.

La Ley establecerá los procedimientos y alcances de esta fiscalización.

Artículo 372. La fiscalización preventiva de las instituciones descentralizadas y de las municipalidades, se verificará de acuerdo con lo que determinan las leyes respectivas.

TÍTULO VII

DE LA REFORMA Y LA INVIOLABILIDAD

DE LA CONSTITUCIÓN

CAPÍTULO I
DE LA REFORMA DE LA CONSTITUCIÓN

Artículo 373. La reforma de esta Constitución podrá decretarse por el Congreso Nacional, en sesiones ordinarias, con dos tercios (2/3) de votos de la totalidad de sus miembros. El decreto señalará al efecto el artículo o artículos que hayan de reformarse, debiendo ratificarse por la subsiguiente legislatura ordinaria, por igual número de votos, para que entre en vigencia.

Artículo 374. No podrán reformarse, en ningún caso, el artículo anterior, el presente artículo, los artículos constitucionales que se refieren a la forma de gobierno, al territorio nacional, al período presidencial, a la prohibición para ser nuevamente presidente de la República, el ciudadano que lo haya desempeñado bajo cualquier título y el referente a quienes no pueden ser presidentes de la República por el período subsiguiente[102].

CAPÍTULO II
DE LA INVIOLABILIDAD DE LA CONSTITUCIÓN

Artículo 375. Esta Constitución no pierde su vigencia ni deja de cumplirse por acto de fuerza o cuando fuere supuestamente derogada o modificada por cualquier otro medio y procedimiento distintos del que ella misma dispone. En estos casos, todo ciudadano investido o no de autoridad tiene el deber de colaborar en el mantenimiento o restablecimiento de su efectiva vigencia.

Serán juzgados, según esta misma Constitución y las leyes expedidas de conformidad con ella, los responsables de los hechos señalados en la primera parte del párrafo anterior, lo mismo que los principales funcionarios de los gobiernos que se organicen subsecuentemente, si no han contribuido a restablecer inmediatamente el imperio de esta Constitución y a las autoridades constituidas conforme a ella. El Congreso puede decretar con el voto de la mayoría absoluta de sus miembros, la incautación de todo o parte de los bienes de estas mismas personas y de quienes se hayan enriquecido al amparo de la suplantación de la soberanía popular o de la usurpación de los poderes públicos, para resarcir a la República de los perjuicios que se le hayan causado.

TÍTULO VIII

DE LAS DISPOSICIONES TRANSITORIAS

Y DE LA VIGENCIA DE LA CONSTITUCIÓN

CAPÍTULO I DE LAS DISPOSICIONES TRANSITORIAS

Artículo 376. Todas las leyes, decretos-leyes, decretos, reglamentos, órdenes y demás disposiciones que estuvieren en vigor al promulgarse esta Constitución, continuarán observándose en cuanto no se opongan a ella, o mientras no fueren legalmente derogados o modificados.

Artículo 377. Derogado.

Artículo 378. Queda derogada por esta Constitución, la emitida por la Asamblea Nacional Constituyente el tres de junio de mil novecientos sesenta y cinco.

CAPÍTULO II
DE LA VIGENCIA DE LA CONSTITUCIÓN

Artículo 379. Esta Constitución será jurada en sesión pública y solemne y entrará en vigencia el veinte de enero de mil novecientos ochenta y dos.

Dado en el Salón de Sesiones de la Asamblea Nacional Constituyente, en la ciudad de Tegucigalpa, Distrito Central, a los once días del mes de enero de mil novecientos ochenta y dos.

José Efraín Bú Girón
Presidente
Departamento de Santa Bárbara

Benigno Ramón Irías Henríquez
Vicepresidente
Departamento de Olancho

José Nicolás Cruz Torres
Vicepresidente
Departamento de Francisco Morazán

Marco Tulio Castillo Santos
Secretario
Departamento de Colón

Juan Pablo Urrutia Raudales
Secretario
Departamento De El Paraíso

Carlos Orbin Montoya
Pro-Secretario
Departamento de Francisco Morazán

Heriberto Alcántara Mejía
Pro-Secretario
Departamento de Copán

CONSTITUCIÓN DE LA REPÚBLICA (1982)
(F) DIPUTADOS CONSTITUYENTE DE 1982

Departamento de Atlántida
Marco Antonio Ponce Pagoaga
Raúl Robles Fúnez
Ela Corina Escobar de Canales
Marco Tulio Munguía Soto

Departamento de Colón
Elías Jones Calix

Departamento de Comayagua
Carlos Alberto Salgado Chávez
Juan de la Cruz Avelar Leiva
José Amado A. Pettit Hernández

Departamento de Cortés
Antonio Julín Méndez
Daniel David Quezada Fernández
Juan Femando López. Leiva
Jorge René Bendaña Meza
José Dolores González Vallecillo
Emilio Sosa Mancía
Mario Enrique Prieto Alvarado
Modesto Arnaldo Chacón Soto
Víctor Manuel Galdámez Prieto

Departamento de Choluteca
Carlos Humberto Matamoros
Céleo Arias Moncada
David Antonio Medina Lupiac
Gustavo Simón Núñez
Jesús María Herrera Regalado
José Guadalupe Lardizábal S.

Departamento de El Paraíso
Carlos Octavio Rivas García
Ignacio A. Rodríguez Espinoza
Oswaldo Láinez Valladares

Departamento de Francisco Morazán
Jorge Ramón Alcerro
Héctor Orlando Gómez Cisneros
Alfredo Musa Jalil Salomón
Juan Rafael Pineda Ponce
Modesto Rodas Baca
Carlos Roberto Flores Facussé
César Montes Lagos
Irma L. Acosta Mejía de Fortín
Mario Enrique Rivera López
Roberto E. Cantero Rodríguez

Departamento de Gracias a Dios
Roberto Carlos Echenique Salgado

Departamento de Intibucá
Romualdo Bueso Peñalba
Natanael Del Cid Menéndez

**Departamento de la
Isla de la Bahía**
Alden McClay Beunett Brooxs

Departamento de La Paz
Rolando Melgbem Bonilla
Trinidad C. Gallo vda de Suazo

Departamento de Lempira
Napoleón Guillén Méndez
Jacobo Omar Hernández Cruz
Leónidas Rosa Bautista

Departamento de Ocotepeque
Rafael Antonio Ardón Fuentes
Jorge Alberto Pineda Arita

Departamento de Olancho
Francisco Berino Ruiz Banegas
Francisco E. Hernández Lobo
León de Jesús Rivera Pagada

Departamento de Santa Bárbara
Manfredo Fajardo Aguirre
Joaquín Medina Alvarado
Cristino Tróchez Barahona
Andrés Galindo Castellanos

Departamento de Valle
José Elías Názar Romero
Nelson Eddy Barralaga

Departamento Yoro
William Franklin Hall Rivera
María Dilma Quezada de Martínez
Carlos Alberto Pineda Meza

Vicente Murillo Durón.   José Alfredo Montoya Rodríguez
Por Tanto, Publíquese.

Tegucigalpa, M.D.C. 11 de enero de 1982

Policarpo Paz García
Presidente Provisional

El Secretario de Estado en los Despachos de
Gobernación y Justicia
Óscar Mejía Arellano
El Secretario de Estado en los Despachos
de Comunicaciones, Obras Públicas y Transporte,
Mario Iván Casco

El Secretario de Estado
en los Despachos de Relaciones Exteriores,
César Elvir Sierra

El Secretario de Estado en los Despachos
de Educación Pública, por ley,
Amílcar Rivera Calderón

El Secretario de Estado en los Despachos de Defensa
Nacional y Seguridad Pública,
Mario Flores Theresín

El Secretario de Estado en los
Despachos de Salud Pública y Asistencia Social,
Juan Andonie Fernández

El Secretario de Estado en los Despachos
de Hacienda y Crédito Público,
Benjamín Villanueva Tábora

El Secretario de Estado en los Despachos de
Economía y Comercio,
Rubén Mondragón Carrasco

El Secretario de Estado en los Despachos de Trabajo
y Previsión Social, por ley,
Jorge Roberto Maradiaga

El Secretario de Estado en los Despachos

de Recursos Naturales,
Rodrigo Castillo Aguilar

El Secretario de Estado en los Despachos
de Cultura y Turismo,
Armando Álvarez Martínez

El Secretario Ejecutivo del Consejo Superior de
Planificación Económica,
Efraín Reconco Murillo

El Director Ejecutivo del
Instituto Nacional Agrario,
Edgardo Zúniga Rodezno

REFORMAS REALIZADAS A LA
CONSTITUCIÓN DE HONDURAS 1982-2023

No.	No. Decreto Reforma	Fecha de Emisión	Artículos, Reformas y Ratificados
1	163	25/11/82	199#11; 205#101124; 247#37; 277, 278, 279, 280, 281, 282, 283, 284, 285, 286, 290
2	188-1985	24/10/85	279
3	161-1986	30/10/86	246
4	58-1986	22/3/86	267
5	206-1987	29/11/87	202
6	107-1987	29/11/87	251#1, 263 #1
7	248-1989	15/12/89	199 #1, 250 #1
8	122-1990	29/10/90	246
9	24-1994	10/5/94	276
10	191-1994	15/12/94	59
11	136-1995	19/9/95	Título V Capítulo X, 272, 273, 291, 293
12	46-97	5/5/97	97
13	245-1998	19/9/98	Deroga 205 #10 y 240 #5; Reforma 205 #15 y 24; 272, 274, 277, 278, 279, 280, 281, 282, 283, 284, 285, 286, 288, 290 y 291
14	307-1998	4/12/98	218 #9
15	246-1998	29/9/98	51
16	92-1999	27/5/99	200 y 205 #15

REFORMAS REALIZADAS A LA
CONSTITUCION DE HONDURAS 1982-2023

No.	No. Decreto Reforma	Fecha de Emisión	Artículos, Reformas y Ratificados
17	262-2000	22/12/00	205 #9; Capítulo 12, 303, 304, 305, 306, 307, 308, 309, 310, 311, 312, 313, 314, 315, 316, 317, 318, 319, 320
18	268-2002	17/1/02	199 #9; 205 #11, 15, 20 y 38; Título V, Capítulo III, 222, 223, 224, 226, 227, 230; 240 #I, Deroga 225, 232, 234 y 370
19	276-2002	8/8/02	Adiciona al artículo 205 #10
20	345-2002	22/10/02	28 y 29
21	374-2002	13/11/02	129 #1, 205 #7, Letras B, CH, D; #12, 13 y 15; 205 #13; 235, 236, 238, 239, 240 #1 y 6; 242, 243, 244 y 263
22	412-2002	13/11/02	51, 52, 53, 54, 55; 199 #8; 202, 205 #7, 11, 15 y 20; 230, 240 #1, 242 y 245 #10
23	175-2003	13/11/03	Deroga artículo 200 y 205 #15; Reforma 313
24	242-2003	20/1/04	5
25	175-2004	28/10/04	329
26	176-2004	28/10/04	112 y 116
27	150-2007	20/11/07	Título V, 225, 232, 233 y 234
28	275-2010	13/1/11	5 y 213
29	282-2010	19/1/11	Reforma 313 #1, 10 y 12 y 317

REFORMAS REALIZADAS A LA
CONSTITUCION DE HONDURAS 1982-2023

No.	No. Decreto Reforma	Fecha de Emisión	Artículos, Reformas y Ratificados
30	283-2010	19/1/11	304 y 329
31	272-2010	13/1/11	249
32	106-2011	24/6/11	71 y 92
33	269-2011	19/1/12	Reforma por Adición 102
34	270-2011	19/1/12	145
35	273-2011	19/1/12	171
36	231-2002	23/1/13	Artículo 105, #15, Capítulo 5 Sección I, del Ministerio Público, Art. 233 y Sección II del Juicio Político Artículo 234
37	234-2012	23/1/13	Artículo 279, Elminicación del tiempo en el cargo de jefe del Estado Mayor Conjunto de la FFAA, y determinado en la ley de FFAA a 2 años dicho período.
38	235-2012	23/1/13	Arts. 189, 205 #3
39	236-2012	23/1/13	Art. 294, 303 y 329
40	237-2012	23/1/13	Art. 17, Capítulo I Título IV, Arts. 182 párrafo primero, adicionando un numeral nuevo: Art. 183 #1 y 2; Art. 185, Párrafo primero, #3 y Párrafo último; Art. 186; 309 #3, 313 #15 y Art. 316

REFORMAS REALIZADAS A LA
CONSTITUCION DE HONDURAS 1982-2023

No.	No. Decreto Reforma	Fecha de Emisión	Artículos, Reformas y Ratificados
41	200-2018	24/1/19	Adición del Capítulo III-A, del Registro Nacional de las Personas, que contiene los artículo 43-A y 43-B, reformar los artículos 5, 51, 52, 53, 54, 55, 199, 202,205, 213, 240, 242, 272, 274 y 303.
42	192-2020	21/1/21	Reformar artículo 67 párrafo 3, 4 y 5; 112 párrafo 6

www.ingramcontent.com/pod-product-compliance
Lightning Source LLC
Chambersburg PA
CBHW061808120626
46550CB00005B/2195